華章圖書

一本打开的书，一扇开启的门，

通向科学殿堂的阶梯，托起一流人才的基石。

我是微商6
用服务营销引爆成交

殷中军 徐东遥 / 著

机械工业出版社
China Machine Press

图书在版编目（CIP）数据

我是微商 6：用服务营销引爆成交 / 殷中军，徐东遥著．—北京：机械工业出版社，2019.9

ISBN 978-7-111-63675-5

I. 我… II. ①殷… ②徐… III. 网络营销 IV. F713.365.2

中国版本图书馆 CIP 数据核字（2019）第 196097 号

我是微商 6：用服务营销引爆成交

出版发行：机械工业出版社（北京市西城区百万庄大街 22 号 邮政编码：100037）

责任编辑：孙海亮　　责任校对：李秋荣

印　　刷：大厂回族自治县益利印刷有限公司　　版　　次：2019 年 9 月第 1 版第 1 次印刷

开　　本：170mm × 242mm 1/16　　印　　张：14.75

书　　号：ISBN 978-7-111-63675-5　　定　　价：79.00 元

客服电话：（010）88361066 88379833 68326294　　投稿热线：（010）88379604

华章网站：www.hzbook.com　　读者信箱：hzit@hzbook.com

前言　没有服务，微商将成为无源之水

服务不仅是一种活动，也是一个过程，还是某种结果。例如，个人电脑的维修服务，它既包括维修人员检查和修理电脑的活动和过程，又包括这一活动和过程的结果——顾客得到完全或部分恢复正常的电脑。

在服务经济和知识经济时代，伴随着消费者中心时代的来临，服务不再局限于服务业，它已成为各行各业竞争制胜的关键所在，并有逐渐向服务营销整合管理发展的趋势。这种发展的新局面，得益于经济的全球化、企业竞争的加剧和顾客角色的根本性转变。

作为消费者，我们的衣食住行，无时无刻不是在消费某种服务产品，这些产品可能是由零售业、房地产业、娱乐资讯、电信金融、交通运输、公用事业服务、教育卫生服务等行业提供。可以说我们每天都在使用服务。商业机构和其他社会团体，则是在更大规模购买、消费服务产品。毫不夸张地讲，人类社会正从一个由工业主导的社会逐步演进为一个由服务业主导的社会，当今社会已成为服务经济社会。

服务是现代经济的重要组成部分，在美国和加拿大，服务业对 GDP 的贡献率分别达到 73% 和 67%，在其他发达国家服务业对 GDP 的贡献率亦与此相近。服务业不但对一个国家的 GDP 贡献良多，也为创造新的就业岗位做出了贡献。相关数据显示，在过去的 30 年中，服务业为美国社会创造了 5000 余万个就业岗位，大大缓解了美国经济衰退所带来的负面影响，促进了美国经济复苏。被认为是经济强国的日本，服务行业的从业者已超过就业人数的 70%。世界银行统计数据显示，不仅在上述发达国家，在许多拉美国家和加勒比海沿岸国家，服务业对 GDP 及就业的贡献也均超过 50%。可以说，随着一国经济的发展、人均 GDP 的提升，在经济生活中，服务业的地位和影响力将与日俱增，在国民经济中发挥重要的作用。

自 20 世纪 80 年代末以来，中国的服务业也得到了较快的发展。与世界绝大多数发达国家相比，中国的服务业在 GDP 中所占的比重偏低，而且内部结构也不太合理。从服务业的内部结构看，发达国家主要以信息、咨询、科技和金融等新兴产业为主，而中国仍以传统服务业为主。

在服务经济时代，不但服务业更加重视服务营销与服务管理，很多制造企业也意识到：要想在激烈的竞争中获胜，提供优质服务必不可少，企业的很大一部分利润将来源于服务。因此，很多企业已逐渐将业务重心转向服务领域。

对微商品牌、微商团队、个人微商，以及最近兴起的社交电商亦是如此。

截至 2018 年年底，中国微商人数已超过 5000 万。微商的销量主要源于其朋友圈及其朋友的朋友圈。微商之所以发展如此迅猛，是因为他们一直在用心为朋友、为团队服务，通过地推、沙龙、线下内训及线上分享，为朋友提供高质量的服务，进而通过口碑传播，将他们转化为客户、代理或合伙人。

微商发展之初，因为其是一种新兴的商业模式，处于萌芽、野蛮生长阶段。得益于移动互联网的发展红利，微商产品处于供不应求的状态，微商并不用担心货难卖。正因如此，很多微商连基本的产品质量都无法保障，更不用说提供高服务的质量和客户体验了。彼时的微商收入和服务质量并不相称。

2014 年之后，随着进军微商的企业和草根创业者越来越多，微商的竞争开始加剧，微商早已不是躺着赚钱的时代。这时候很多单兵作战的微商在意识到品牌、团队的重要性后，也发现客户服务、代理服务对于微商长远发展的重要性。

事物的发展总是从初级到高级，从不完善到完善，这是一个过程，微商的发展也不例外。移动互联网的快速发展使微商也在不断发展，但无论怎么变都离不开商业的本质。只要能够持续不断地满足消费者、诚信经营、确保产品质量和服务质量，微商一定不会被淘汰。微商是当代营销领域中一道靓丽的风景，是一种合理的存在，其发展前景无限光明。

如今，微商已从前期的粗放式发展进入自我完善和升级迭代期。人人都可以做微商，但并非人人都可以做好微商。在消费不断升级的当下，要想做好微商，一定要具备服务营销的意识，能为顾客、代理提供优质的服务和体验。

很多微商在创业时要么忙着零售，要么忙着招代理，在服务方面并不上心。在微商野蛮生长阶段，微商这么做确实可以帮助他们尽快占领市场，挖到一大桶金。但随着竞争的日趋激烈，没有服务营销意识，不能为客户和代理提供完善的服务体系、高质量服务的微商将被市场淘汰。市场会奖励那些用心做好客户服务、代理服务的微商品牌、团队、个人。可以说服务营销是微商放大利润最强的法宝。本书力求将一套高价值的服务营销体系打造方法论分享给每一个微商、社交电商从事者，以增强品牌、团队、个人的竞争力！

服务营销是我们服务好代理、拉近与代理的关系、收钱收人收心、快速做大做强事业的基础！

没有服务，微商将成为无源之水。

感谢机械工业出版社的编辑孙海亮老师，他专业、负责、细心的工作态度令人钦佩。在本书撰写和出版过程中，他与我耐心沟通所有出版细节，并给出很多有益建议，对提升本书总体质量帮助很大。

感谢我的老东家微谷中国，这家国内处于社交电商新零售服务领域领军位置的公司给了我很多启发和能量，让我在写作过程中拥有源源不断的力量。

感谢我的恩师徐东遥，你的死磕精神和思想理念对我影响深远，且始终激励着我不断严格要求自己，在日常生活中不能有丝毫懈怠。

感谢微谷中国的领导、老师和同事，他们身上的闪光点让我获益良多。

感谢贾鹏、仇晓霞、林真如、常宏、璐少几位老师提供的服务素材，为本书增添了很多亮点。

感谢万人迷王伟晨、老汤哥、文子、橙子、徐雨停、花姐、方佳、彼岸、令狐冲、李海燕、罗兰、小莉姐、健吾、张李丹等热心学员提供的服务案例。

感谢我进入微商、社交电商行业后遇到的大咖、品牌创始人、团队长、中小创业者，他们很多人都经历过“穷而后工”，陷入生活窘境时遇到了微商、社交电商，改写了自己的人生，让生命焕发出新的光彩，这也是对我的一种鼓励。

感谢我创业期间的合作伙伴，是你们让我对创业的艰辛和乐趣加深了体会，而且从你们身上我所学颇丰。

感谢我的家人，是你们的支持，让我能在繁忙之余有足够的时间写作和打磨本书。

感谢本书所有读者，你们读完本书有所收获，将是我最大的荣幸。

感谢我生命中遇到的人和事，包括遇到的挫折，让我的人生变得更丰富，让我变得更优秀。

最后，要感谢电子商务，过去的几十年中，它改变了我们的生活方式，我们受惠于它，自有书写它的义务。

般中军

目录

1

第1章 服务营销是放大利润最强的法宝

“并不是最强大的物种生存下来，也不是最聪明的物种生存下来，而是最能适应改变的物种生存了下来。”达尔文在其巨著《物种起源》中这样说。

同理，在竞争日益激烈的市场经济中，对企业而言，最终的竞争优势是学习和改变的速度比竞争对手更快。移动互联网时代，随着新零售的发展及其对中国乃至全球商业形态的影响日渐增大，线上线下服务显得愈发重要，这就需要微商改变思路——重视服务，提升服务质量，让服务营销成为放大利润最强的法宝。不愿意改变的微商将被市场淘汰，而那些与时俱进、重视服务营销的微商将脱颖而出。

1.1 服务是微商的核心竞争力

随着行业竞争的加剧，打造自身的核心竞争力对微商从业者来说愈发重要。那么，如何打造核心竞争力？做好服务是重中之重。

1.1.1 什么是服务？

由于服务是涉及一组具有差异性而且复杂的活动，因此定义服务并非易事，不同领域的专家对服务的定义仍然存在一定争议。现在学术界普遍接受的服务定义源自克里斯托弗·洛夫洛克的著作《服务营销》一书："服务是一方向另一方提供的经济活动。在特定时间内，服务的提供会给服务接受者（人、物或资产）带来预期的结果。顾客付出金钱、时间和精力，期望通过服务组织提供的货物、劳动力、专业技能、网络和系统等获取价值，但对于服务过程中所出现的任何有形要素，顾客通常都无法获得其所有权。"

通俗来说，服务就是那些"你可以买卖，却无法归入囊中"的东西。

根据服务对象的不同，服务可以分为 4 种：人体服务、所有物服务、精神服务、信息服务。在 1.2 节会对这 4 种服务进行详细介绍，这里不再赘述。

1.1.2 为什么要重视服务？

服务营销专家西奥多·莱维特指出，所有行业都是服务业，区别不过是服务贡献率的大小而已。

服务在微商行业的贡献率高于一般行业。随着服务经济时代的到来，服务已成为微商的核心竞争力！缺乏优质、系统服务的微商，没有自己的核心竞争力。缺乏核心竞争力的个人在职场很容易被取代。同样，缺乏核心竞争力的微商品牌、团队、个人也很容易被其他微商品牌、团队、个人取代。

具体来说，重视服务的原因有以下几点。

1. 服务有利于维系关系

和实体商家、传统电商不一样，微商是在人与人之间关系网络的基础上形成的商业模式，因此做微商更要注重维系好人与人的关系。如何才能维系好与微友、客户、代理商的关系？通过服务。

为什么服务可以维系关系？

其一，**服务可以连接彼此**。我们可以借助服务与粉丝、客户、代理产生连接。

其二，**服务可以建立信任**。连接建立后，我们通过服务取得客户、代理的信任，有了信任才能成交。

其三，**服务可以成交客户**。建立信任后，条件成熟时，你为客户、代理进一步提供服务可让对方对你的产品、你的服务满意，此时便可以将其转化为客户、代理。

其四，**服务可以维系关系**。当潜在的客户、代理被转化为真正的客户、代理后，通过用心服务可长久维系这种关系，让他们成为我们忠诚的客户、代理，并帮我们转介绍。

缺乏高质量的服务，你的粉丝很快会流失，你的客户会成为别人的客户，你的代理将跟着别人做微商。

2. 服务有利于口碑营销

移动互联网时代，口碑为王。客户是否会购买某一微商产品，代理商是否会代理某微商产品，都受口碑影响。此外，口碑会迅速传播，进而让更多人知道你的产品。如果你有口碑，那将吸引更多的人消费你的产品、代理你的产品；如果你没有口碑，那会加速你的产品的衰亡。移动互联网时代，口碑是最好的广告。

那么如何才能树立口碑？答案就是通过服务。品牌能为客户提供超出其预期和想象的极致服务，赢得客户的心，在客户心中树立口碑，通过客户传播口碑，最终引爆，成为现象级话题和品牌。

某平台创始人老汤哥正是借助用心服务，在微商行业树立了口碑。他创建的平台之所以能在短时间内获得众多认可，主要有两个原因：

（1）优质产品，差异化服务客户；

（2）服务代理团队，坚持天天培训。

老汤哥认为，所谓服务，就是找到客户的问题与需求，为他们提供解决方案。

服务为什么有利于口碑营销？在了解口碑营销之前，我们应先了解用户传播口碑的 3 种驱动力。

其一，**产品驱动**。因为产品或服务本身非常好，使得用户非常愿意将其分享给身边的朋友。其实人体服务、所有物服务等服务本身就是一种产品，需要我们精雕细琢。

其二，**精神驱动**。信息服务、精神服务等涉及客户的精神层面。精神驱动不同于产品驱动，不是客户的实际需求被解决，而是你为其分享的知识、故事打动了客户，激发了他的潜在需求。

其三，**利益驱动**。这里所说的“利益”既包括返现、送券、优惠、送产品等利益，也包括一些虚拟服务，比如某功能的使用权、延长 VIP 使用时长等。有一些拼团类的产品或服务，直接单人购买比三人拼团价格高，也属此类。

了解了用户传播口碑的 3 种驱动力之后，我们就明白了为什么服务有利于口碑营销。通过为客户、代理提供服务，满足上述 3 种驱动力中的一种或几种后，他们自然会帮你传播，进而吸引更多客户、代理。

3. 服务适应产品性能复杂化的要求

随着科学技术的发展、进步，产品技术含量不断提高，产品性能复杂度不断增加。很多产品需要代理提供指导及服务，客户才能正确使用产品、体验到产品的效果及价值。这就对微商的服务质量提出了更高的要求，微商需要为客户提供产品示范、产品培训，指导其正确使用。

4. 服务可以促进客户的复购和转介绍

众所周知，维护老客户的成本要远低于开发新客户的成本。因此，广大微商为了赢得客户忠诚，提升复购率，竞相推出各项服务，经过大量事实证明，这些服务可以明显提高复购率和转介绍率。

5. 服务可以提高企业竞争力

服务作为一种非价格竞争手段，在增强微商竞争力方面作用日益重要。在当代社会，服务深入到每一个角落，哪个微商提供的服务与同行相比处于领先地位，哪个就能赢得消费者的心。

1.2　服务营销的 4 种服务类型

进行服务营销的过程中，服务与服务之间的区别在于服务对象。在服务过程中，人、有形物、数据都可以是服务对象，而服务的过程则存在有形、无形之分。有些针对人体或有形物的服务是可见的，但针对人脑、无形资产的服务是不可见的。基于此，服务营销过程中的服务类型可以分为 4 种：人体服务、所有物服务、精神服务、信息服务。4 种服务类型的核心特性，即过程性特征是基本相同的，见下表。

服务对象 服务活动类型	人	所有物
有形活动	人体服务（针对人体的服务）	所有物服务（针对拥有的实物的服务）
无形活动	精神服务（针对人思想的服务）	信息服务（针对无形资产的服务）

1.2.1　人体服务

人体服务是指客户为了接受服务，需要将身体作为服务要素投入。从古至今，人们不断寻求满足或者能改变自己的形形色色的服务，以求保持身体健康、容颜美丽。在客户接受服务的过程中，他们需要配合服务者以获得想要的服务结果。

2017 年我（殷中军，后文如无特殊说明，以作者口吻自称的“我”均指殷中军）在某美业展览会上采访某护肤品牌创始人雅妮，她当时正在领奖。在该品牌展馆中等她的期间，工作人员用该品牌的明星护肤品帮我涂抹了半边脸，然后让我对着镜子比较两边脸的差异。我明显感受到服务过的半边脸要比另一半更有光泽、更白皙。

还有一次，某瘦瘦包品牌代理华秋来看我，并送了我一盒瘦瘦包，她当场就教我使用方法，并让我体验产品使用效果。

在上述过程中，我接受的主要服务就是人体服务。

总之，人体服务的结果就是让客户的感觉更舒适，身体更健康。

微商在为客户提供人体服务时，需要从客户角度考虑服务流程。不仅要考虑服务流程上的每个环节给顾客带来了哪些价值，还要考虑由此产生的非货币成本，如时间成本、心理成本、生理方面的付出。此外，我们还要避免出现某些服务环节让客户感到恐惧或痛苦。

1.2.2 所有物服务

很多情况下，客户想要的是针对他们所有物的一些有形服务，如快递包裹、家庭保洁、汽车保养等。针对所有物的服务与制造业的生产过程颇为相似。

所有物服务，往往不需要客户亲自到场。比如快递包裹给顾客或代理时，我们只需要将产品打包好，将包裹交给快递员，然后等着快递员将包裹交给收件人即可。

所有物服务有一个共性，即客户的参与度很有限，通常是客户将所有物交给服务者即可。

1.2.3 精神服务

精神服务包括教育、新闻、信息、咨询、心理治疗、娱乐等。精神服务是触及人心灵的活动，当顾客处于被动接受精神服务时，其态度和行为可能会被影响，进而被重塑。

微商接受或提供的精神服务无处不在，如团队线上线下内训、品牌方年会、代理耐心接受顾客咨询、团队长解答代理疑虑、微商将自己的创业故事发布在互联网上引流潜在客户或代理，诸如此种种皆是精神服务。

顾客从精神服务中获益，不仅需要投入金钱、时间，还要投入精力。但顾客在享受精神服务时并非一定需要到服务现场，这是其和人体服务最大的区别。

1.2.4　信息服务

为顾客提供信息采集和加工的服务称为信息服务。信息服务不仅可由机器完成，也可由人来提供。其最大特性是无形性。法律咨询、财务咨询、传统企业转型微商咨询等，皆属于信息服务。

事实上，信息服务和精神服务的边界比较模糊。学术界往往会将两者合称为基于信息的服务。

那么，具体如何区分？我认为两者最大的区别是：信息服务偏理性，精神服务偏感性。如在微商告知顾客产品的使用方法、注意事项过程中，往往饱含感情，提供的是有温度的服务，而顾客也会被微商的感性所感染并动情；团队长在和意向代理分享创业机会时，除了会为对方详细讲解项目外，还会结合自身创业历程，声情并茂地感召对方加入自己的团队；还有些微商伙伴会在互联网上发布自己的创业故事，但结尾会笔锋一转，介绍自己代理的品牌、产品的优势，在打感情牌的同时还晓之以理。这些过程中，与介绍的使用方法、注意事项、创业机会、项目详解、品牌或产品优势相关的服务是信息服务，而其间夹带的情感服务就是精神服务。

1.3　服务营销的两个维度

微商服务营销存在两个维度，根据维度的不同，微商提供的服务也有所不同。从服务对象这个维度来说，微商主要为客户、代理提供服务。基于客户和代理商自身的差异，我们为他们提供的服务也会存在一定的差异。微商的服务空间主要分为线上和线下。线上和线下的服务具备不同的优势，两者互为补充，帮助微商拓宽服务客户、代理的渠道。

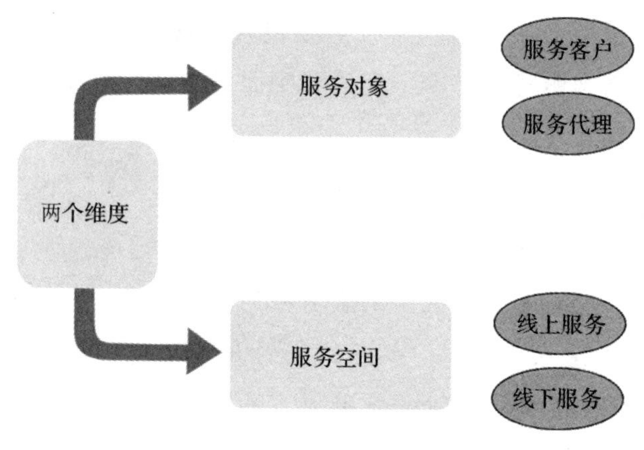

服务营销的两个维度

1.3.1 服务对象：如何服务团队才有战斗力

不同于传统企业和电商，微商服务的对象除了客户，还有代理，因此我们提供的服务也应不一样。

1. 服务客户

微商是一个有温度的群体，这是微商的特色，而服务是“温度”的最好体现之一。很多时候，客户之所以对我们忠诚，愿意不断购买我们的产品，愿意帮我们转介绍新客户，除了因为我们能为他提供好的产品外，还因为我们能给他提供高质量的服务，他在我们这里能感受到温暖，能体验到别的微商不能提供的体验。

微商为客户提供的服务可分为售前、售中、售后三种。只有提供优质的售前、售中服务，才能促进客户购买我们的产品。如果想提升客户的复购率，一是要让客户对我们的产品满意，也就是产品质量要过硬；二是要做好售后服务。如果想让客户帮忙转介绍，既要提供让客户满意的产品，又要提供让客户满意的售前、售中、售后服务。

随着社会的发展，客户的需求已从物质层面转向精神层面，这就要求我们在为客户提供服务时将情感需求放到第一位。

2. 服务代理

对微商来说，代理这个角色比较特殊，他们既是客户，又是合作伙伴。无论是哪种角色，我们都需要为其提供高质、周到的服务。

很多微商觉得代理只是自己的下家，既然已经代理了产品，就做好了自己创业的准备，所以服不服务无所谓。正是出于这种心理，导致代理在团队中感受不到温暖、找不到归属感，很快就流失了。

你是否想过：代理为什么要跟你做微商？为什么要代理你的产品、成为你的合作伙伴？除了产品因素，更重要的是他相信你这个人，而这种信任是建立在良好服务基础上的。如果你不能用心服务好代理，他必然会离你而去。

当然，服务好代理，不是说我们要做代理的保姆，去伺候他们。服务好代理是为他们提供好的产品、好的培训、好的团队环境，让他们快速成长，赚到钱。

服务好代理，对团队领导和微商品牌方提出了更高的要求。按照微商现在的发展速度，如何建立一套系统健全的代理服务体系已成为团队领导和微商品牌方的必修课。

1.3.2　服务空间：线上线下结合才有竞争力

微商的服务空间可分为线上和线下两种。得益于移动互联网的快速发展，线上服务目前已成为微商团队的首选，但线下服务同样不容小觑。线上灵活、便利、成本低，线下黏性高、凝聚力强、效果更佳。

1. 线上服务

线上服务可提升服务效率，拓宽微商服务空间。

线上服务渠道主要分为电脑端、移动端、电话三种。

电脑端服务

官方网页、微博、电商平台（淘宝、京东等）等是电脑端服务的主要阵地，它们可展示品牌、团队、个人的网络信息，进而为客户、代理提供信息服务和精神服务。电脑端的服务基础是传统互联网。随着移动互联网的发展，其影响力已经减弱，但仍然占据一席之地。电脑端服务不仅可提升服务质量，还具有建立信任的作用。现在很多客户、代理在购买产品或选择项目时，会先百度或搜狗一下，通过网络了解品牌、团队、个人的情况。因此，有条件的微商伙伴要重视在传统互联网方面的布局。

移动端服务

该渠道主要是指通过智能手机上的 APP 为客户展示品牌、团队、个人的网络信息，进而为客户、代理提供信息服务和精神服务。移动端服务得益于移动互联网的发展。移动端影响力最大的当属超级 APP 微信，微信就像一片茂密的森林，遮盖了大部分 APP 的光辉。因此，要做好移动端服务，就要提升微信及其他 APP 的服务质量。

下面重点说说微信服务。朋友圈、微信群、公众号、小程序是微商的四大线上阵地。我们可以通过朋友圈和客户、代理进行沟通、互动，为他们提供知识和服务，也可以通过微商城（如微信公众号、小程序等）为他们提供最新的资讯、最新的产品知识、事业机会等有用的信息。微信群方面，一般微商团队都有自己的客户群和代理群。在客户群中可以定期为客户提供最新的专业知识和行业知识，让客户能感受到我们的价值，进而提升其黏性和复购率。我们可以在代理群中为代理分享最新的微商行业资讯，以及销售、维护好客户、招募代理等技巧。无论是对客户，还是对代理，我们提供的服务一定要让他们感受到价值。

至于公众号和小程序这里就不展开了。

再来说说其他 APP。直播、短视频、小红书等 APP 近几年很火，吸引了大量流量，有些品牌、个人微商会借助这些新的流量渠道进行引流。

还有部分微商品牌会创建自己品牌的 APP，将代理及客户转移到其中，这样一方面是为了方便管理，另一方面是因为微信毕竟属于第三方平台，显然用起来不如自己的 APP 方便。但自己开发 APP 成本高，运营也比较烦琐。

电话服务

电话主要指固定电话和手机。有了手机之后，固定电话受尽冷落。有了微信后，手机打电话、发短信的频次也大为减少。但这并不意味着电话就没用了。很多品牌及团队现在还设有专门的电话客服，负责通过电话、短信来联系及服务客户、代理。在微信占据了大部分注意力的时代，相对稀有的电话、短信反而容易引起注意。

2. 线下服务

随着微商竞争的日趋激烈，新零售微商的出现已成为大势所趋。众多微商品牌和团队已开始布局实体微商。线下服务能提升服务客户、代理的质量，其产生的黏性、凝聚力更高。

我[⊖]认真研究了很多品牌的布局，发现目前线下服务渠道主要分为工作室、体验店、运营中心、会场。

工作室

在工作室中我们可以为客户进行产品示范，挖掘其痛点，并为其提供一套系统的解决方案。我们可以为代理分享创业机会，教他们做好产品示范、零售、服务，以及提升复购率和转介绍率的方法。

⊖ 本书中，除特殊说明外，其余所有以作者口吻出现的第一人称“我”均指殷中军。

体验店

在体验店中我们可以为客户提供优质的有形服务和无形服务，让客户在我们的体验店中获得良好的体验。现在很多品牌的体验店中会设有自助终端机，以方便客户、代理查询信息或自助下单。

那些有着创业需求的客户在我们的体验店中获得优质的体验和服务后，会产生跟着我们一起做微商的想法，这时候我们可以为其详细讲解招商政策，吸引更多人成为我们的代理。此外，体验店还可以让代理更有安全感、信赖感、归属感，进而提升他们的黏性和战斗力。

运营中心

很多品牌除了开设了全国运营中心外，还成立了城市运营中心（主要由高级别代理加盟成立）。运营中心的工作重心是服务好代理，然后由代理服务客户。有条件的运营中心同样要设有自助终端机。

会场

对微商品牌、团队来说，内训是标配，而内训一般都以会议的形式进行，其中就包括线下会议。线下会议的举办就会涉及会场。在会场不仅可以进行培训，还可以借机服务好代理，进而提升其战斗力、凝聚力。

其实，很多时候，线上线下服务不好单纯区分，两者融合不可避免。比如，代理在运营中心的自助终端机上查询信息、下单，就接受了线上、线下两种服务。个人觉得，对品牌、团队领导来说，凡是线上能解决的，都应在线上解决。线上服务以信息服务、精神服务为主，线下则侧重于人体服务、所有物服务。

1.4 服务营销的 2 大形式

从体验层面来分，服务分为有形服务和无形服务两种。有形服务可以让微商的服务不断落地，无形服务则可以让微商的服务持续增值。

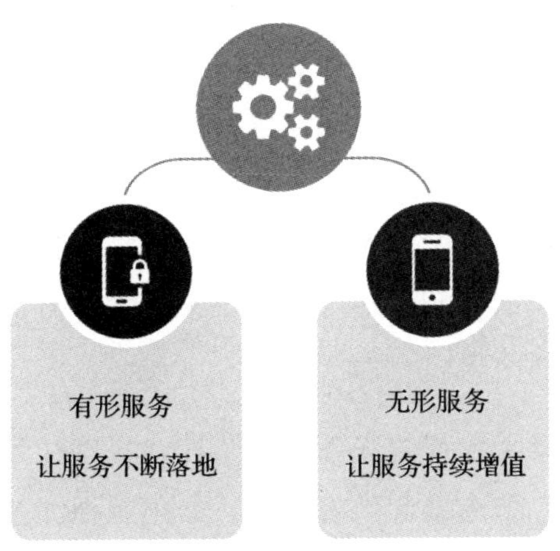

服务的两种形式

1.4.1　有形服务让服务不断落地

微商有形服务是指让客户体验产品、为客户做产品示范、销售产品、产品退换货等服务形式。微商有形服务偏向物质层面。

当然，有形服务并不局限于围绕产品提供的服务，还包括在朋友圈展示产品宣传文案和图片、在体验店为客户营造良好的体验环境、在活动现场为特邀客户或代理展示高水准的个人海报等，凡是能让客户、代理通过接触、体验感受到我们服务质量和价值的，都可以称为有形服务。

微商有形服务能让我们的服务落地，能弥补无形服务的不足，让客户真实感受到我们提供的服务，进而增强客户的感恩心理，提升客户的黏性及复购率。某种意义上，微商有形服务是无形服务的补充。

随着消费的升级、技术的发展，微商服务也要跟着升级。在数字化时代、人工智能时代，我们要结合最新的科技，为客户提供更丰富、更高质量的有形服务，让客户在享受我们有形服务的过程中获得更好的体验，进而充分挖掘客户的终身价值。

1.4.2 无形服务让服务持续增值

微商品牌、个人微商如果想在竞争中脱颖而出，一定要重视为客户提供高质量的无形服务。微商无形服务偏向于情感层面和精神层面，如我们为客户答疑解惑、提供一套系统的解决方案、提供良好的售后服务、分享专业知识和产品知识、告知产品的注意事项和使用方法、在节假日为客户送去我们的祝福和问候等。

无形服务可以放大我们的服务价值，让客户感受到我们的服务是有温度、有人文气息的。如今要想做好微商，必须重视无形服务，让客户通过我们的服务获得更好的体验，产生更高的价值感，情感和精神上得到极大的满足。

1.5 服务营销的 5 大趋势

随着经济的发展，消费者对服务提出了更高的要求，传统的服务已很难满足他们的需求。目前，微商服务营销正呈现出 5 大转变。

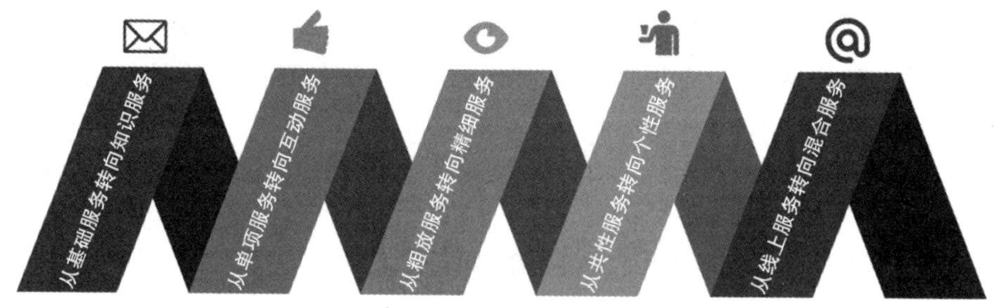

服务的 5 种趋势

1.5.1 从基础服务转向知识服务

服务的内容在不断深化，服务本身在延伸。有的大企业开始为客户提供生活资讯、消费情报、产品知识等服务，这些都属于知识服务。知识服务未来将是各个行业形成服务特色的一个重点。

微商如果要做好服务，一定要重视服务的升级，要考虑如何提供更好的知识服务，让客户和代理收获更高的价值。

在知识服务方面，直销巨头安利做得不错。安利会定期为自己的客户和代理提供杂志，里面除了产品知识，还包括健康、美容、人生感悟、创业智慧等高价值的知识，让客户和代理既能了解最新的产品资讯，又能学到最新的实用技巧。

微商和直销有一定的相似性，直销行业的服务策略都可以借鉴和使用。

1.5.2　从单向服务转向互动服务

美国有营销专家提出，现在营销的最主要趋势是消费者主权营销，即消费者要参与，有一定的权利，企业必须在消费者参与的过程中满足其服务需求，通过和客户的互动提升服务质量和客户满意度。

对微商来说，通过满意度调查表向客户了解其抱怨的原因，开通投诉渠道等都属于互动服务。如果只靠为客户、代理提供单向服务，不与客户、代理互动，不聆听他们的心声，不了解他们内心的想法，很难提供让客户、代理满意的服务，也很难建立自己的关系网络。

提升优质服务的捷径之一就是让客户、代理参与到服务中来，通过互动、沟通，增强他们的参与感，让他们觉得我们将他们当作了自己的家人、朋友，他们也会提供更详尽的反馈，让我们的服务变得有的放矢，让服务营销的价值真正凸显出来。

比如，客户、代理在我们的微信公众号中留言就是很好的提供互动服务的机会。我们要重视他们的留言。如果留言是正面的，我们要感谢他们；如果留言是抱怨、投诉，我们要第一时间回复他们，向他们了解抱怨、投诉的原因，针对具体问题，及时做出相应的处理。

1.5.3　从粗放服务转向精细服务

目前，在微商界，像 2013 年和 2014 年那样的粗放式服务已经无法满足客户、代理对服务的需求。品牌微商和个人微商要想在微商界做强做大，一定要为客户、代理提供精细服务。

顾名思义，精细服务是指企业在提供服务的过程中，每一个细节中都能设身处地为消费者着想，以求最大限度满足其物质和精神需求。精细服务的产生，有着深刻的社会背景。精细服务要求我们在产品设计和生产过程中除满足客户基本需要外，还要在细节上做足文章，让客户能获得更简便、安全、舒适和高性价比的产品和服务体验。其实，精细服务就是要求微商在服务客户时充分考虑客户的多层次需求，使服务更具人性化。

在社会不断进步、人们生活水平不断提高、消费意识不断增强，以及企业的产品、营销工作日益趋于雷同的背景下，不仅要求微商在经营决策等大的方面从客户的需求出发，更要求微商在服务细节上考虑客户各个方面的需要，突出自身的优势和特色，全心全意为客户服务。客户在物质需求得到满足的基础上，又获得了尽善尽美的延伸服务和享受，其势必会成为微商的忠诚客户。

服务水平的高低和服务的竞争力有时候并不取决于服务产品的设计、服务的承诺，而是取决于服务的细节，所以未来的服务运作一定趋向精细化。有的微商在进行电话调查时发现客户经常很不耐烦地挂电话，这其实就是因为服务精细化程度不够。解决的办法是对客户进行电话调查时要先问对方："您是否愿意接受调研？如果愿意的话，您希望调研的方式是电话、微信、还是微信视频？"要让客户自己选择。

细节的力量贵在坚持，那些成功的企业之所以成功，其中"注重细节"是不可忽视的。世界著名企业宝洁、沃尔玛无不是从精耕细作走向辉煌的。微商要想做强做大、基业长青，也要学习上述大品牌，通过为客户、代理提供精细化的服务，让自己的品牌更有竞争力，进而走向辉煌。

1.5.4 从共性服务转向个性服务

微商要从对所有客户提供代理千篇一律的共性服务转向个性服务，这样才能充分挖掘服务的内涵，才能使服务项目得到延伸，让客户、代理与微商的关系更密切。

有人认为未来的营销是数据库的营销加差异化的营销，即先建立一部分档案（即数据库），然后再根据顾客的差异进行个性化服务，这样营销工作就会逐步做得更细致。同理，个性化服务也是进行服务策略定位时需要充分考虑的。个性化服务包含亲情、随和等成分，也就是说，将来的服务要越来越情感化，未来这种服务的情感附加值会越来越高。

比如，微商伙伴可以针对每个客户的情况，在其生日时为其赠送一份特殊的小礼物。这份小礼物不在于价格高低，但一定要让客户觉得是专门为其量身定做的，能让他感受到温度和被尊重。我们也可以在每个代理达成业绩目标时，为其专门订制一份专属于他的特殊奖励，让他觉得我们对他的重视和用心。如可以为他送去一份刻有其姓名的私人订制的茶杯，也可以将他的朋友圈内容制作成一份手册，让他能感受到我们浓浓的爱意和关怀。

1.5.5　从线上服务转向混合服务

得益于互联网，21 世纪的客户能非常方便地获取服务、享受服务。但互联网在给客户带来便利的同时，也让客户对服务提出了更高要求，他们期望以最低的价格，获得最好的服务。互联网对微商提升服务质量既是利好也是挑战。

微商借助移动互联网崛起，其服务也以线上即互联网服务为主。互联网服务的最大特色就是“快”“及时”。这也满足了现在客户对高效服务的要求。在客户心中，及时服务就是“即时”“随时”，而微信的出现让这一切几乎成为现实。

我身边很多微商几乎手不离机，随时关注顾客群、代理群的信息，以便及时回复客户、代理，解答疑问。正是靠这种服务精神，微商才能在移动互联网时代崛起，打造自己的竞争力。

对微商来说，线上服务是其亮点，线下服务是其短板。

但随着新零售的发展，很多品牌、个人微商开始走向线下。未来，微商为客户、代理提供的服务一定是混合服务，即线上、线下融合，两者都将会有举足轻重的作用。线上服务便利、及时，线下服务提升信任、黏性。这就对微商的服务水平和能力提出了新的要求。

第2章 服务营销中的客户、代理心理及服务攻略

做微商，要练就一双能透过现象看清本质的火眼金睛。

理解客户的心理及行为是服务营销甚至市场营销的核心。作为微商，我们需要了解客户、代理在购买、使用服务时如何做出决策，哪些因素决定了客户、代理消费服务时及消费服务后的满意度。如果微商不能充分了解相关过程，就无法创造服务、提供高质量服务，也就无法获得忠诚的客户、代理。

2.1 微商客服：连接顶层与客户的桥梁

某传统大品牌甲看到微商形势一片大好，开始进军微商行业。为了不影响品牌形象，该品牌新成立了一家公司运营微商项目，还专门请了某知名微商操盘手操盘整个项目。微商项目成立半年后，业绩可圈可点，大品牌准备花更多资源支持微商项目。然而，此时品牌方遇到一个问题：不断有客户打电话投诉，说该品牌的某乳制饮品效果不是很好，价格还那么高。

品牌方有点慌了，心想难道真的是产品不过关？或者价格虚高？于是急忙派人去调查具体情况。

调查员调查后发现，原来该品牌的微商产品是款代餐奶昔，单盒零售价 23 元。如果和超市里的快消品比，价格确实高了不少，但与市场上同类微商、直销产品相比，它的价格并未高多少，甚至性价比还高于同类其他产品。此外，客户并未完全按照要求使用该产品，加上其期望值比较高，因此便抱怨产品效果不好。

品牌方获悉内情后，之前的疑虑消了一大半，但仍然有个心结：为什么其他靠微商起家的品牌没有这方面的投诉？

为了解答这个问题，我们得先弄清楚微商产品和传统产品的区别。微商的优势在于通过社交和口碑裂变团队，靠代理将产品和项目分享给客户和代理。为了吸引代理加盟，品牌方会将 50%～70% 的利润分给代理。而传统产品主要靠品牌方广告造势打造品牌影响力和知名度，进而吸引经销商代理产品。因为对经销商依赖度相对降低，因此品牌方分给经销商的利益要低于微商代理。正因为此，微商品牌的产品以非标品为主，需要靠代理不断教育客户来拓宽市场。

甲品牌之所以会遇到大量客户投诉，甚至影响了其传统品牌的声誉，是因为其代理商对客户的服务不到位，没有及时解决客户的疑问。此外，就是该品牌微商团队少设了一个岗位——微商客服。

随着市场竞争的加剧，同质化产品增多。微商品牌除了拼品牌影响力，最重要的便是拼服务质量，靠服务营销赢得客户的心，提升复购率和转介绍率。此时，微商品牌便需要增加微商客服人员。

具体如何做？

1. 增强服务意识，提升服务水平

为什么要重视提升代理的服务意识和水平？是因为代理除了是品牌的合作伙伴，也是品牌直接接触客户、服务客户的人员，其服务质量是品牌提升业绩、拓宽市场的保障。

很多代理之所以未服务好客户，不是因为没有动力，而是因为没有意识到服务的重要性，认为客户下单后就和他没关系了。

部分代理是因为服务水平有限，此时需要品牌方能加强代理服务方面的培训。

2. 增加微商客服人员

很多微商项目刚起盘时，为了控制成本，会控制工作人员数量，客服要么由其他工作人员兼职，要么人数太少，严重者干脆没有客服。

前面案例中品牌甲遇到大量客户投诉，就是因为缺少客服人员来及时处理客户的问题。

3. 提升微商客服的服务质量

品牌方和操盘团队需要建立一套规范的、体系化的服务制度，并对客服进行统一培训，提升其服务意识和服务水平。

客服不是只会说“您好”“对不起”就算合格了，还要非常熟悉产品、招商政策等项目相关的问题，避免客户投诉时对相关问题不清楚或者不熟悉，增加客户的不满。

此外，客服的态度和耐心应该是品牌方挑选客服和考核客服的重要指标。

建议品牌方提升客服的待遇。很多品牌方因为客服不直接产生业绩，对客服不够重视，这会让好的客服心生不平。品牌方提升客服待遇，其实是在间接提升客服质量。

4. 增强操盘团队的服务意识

其实很多微商项目存在问题，根源在于操盘手对服务不够重视，因此对客服及代理服务客户方面的培训较少。这就需要品牌方和操盘团队充分沟通，让操盘团队意识到服务的重要性，加强相关培训。

2.2 服务客户的六个关键时刻

微商服务客户时，要懂得掌握火候，把握时机。关键时刻献上恰当的服务，可以让服务效果事半功倍，客户满意度也会大幅提升。

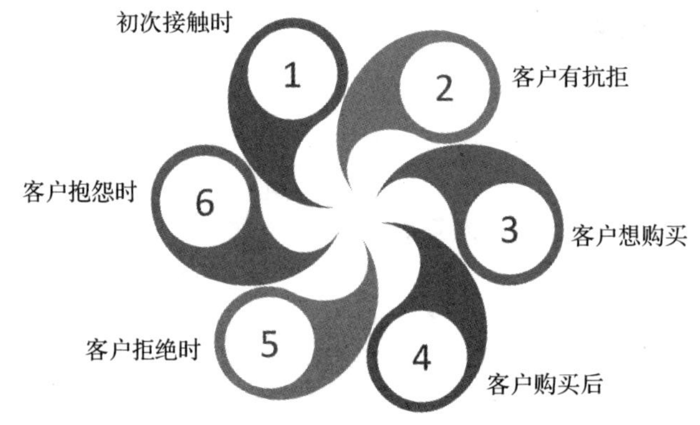

服务顾客的 6 个关键时刻

2.2.1 关键时刻一：初次接触时

无论是恋爱交友、发展事业，第一印象都极其重要。好的印象会让人记住你，对你产生好感，并赢得更多机会。

我身边有些微商伙伴，初次和客户、代理接触时未能给对方留下好印象。聊天时，急于向客户推荐自己的产品或项目，忘了“心急吃不了热豆腐”这个哲理。还没有建立客户对你的信任感，就急着推销，很容易让客户产生强烈的戒备心理和反感。除了聊天，朋友圈也是一个脸面。很多潜在客户加了你为微友，会先翻看你的朋友圈。如果你的朋友圈装修得很差，不够专业，客户很容易产生差的印象。

此外，线下首次见客户时，也要特别注意。具体如何做？

其一，**重视形象**。你的着装要看起来很专业。

其二，**按时赴约**。初次赴约，尽量提前 5～10 分钟，千万不要迟到。

其三，**见面时注重礼节**。至少让对方觉得你是个见过世面的人。

其四，**提前准备好答案**。你要设想客户可能会提的问题，提前想好应答之策。避免客户突然提问时，因为没有想到而无措，陷入被动。

其五，**学会灵活应变**。见面时难免会出现些突发事件，此时不能慌，要淡定应对。

其六，**善于倾听**。很多时候，聆听比口若悬河更重要。

其七，**专业**。在客户面前，要让对方觉得你是某领域的专家。这需要加深对微商行业、产品、品牌、项目的理解。要事先做好功课。

2.2.2　关键时刻二：客户有抗拒

客户有抗拒，首先就会说产品贵，然后会嫌品牌不好，会抱怨你的服务不好……出现诸如此类的抗拒时，你不要急着与客户辩论，否则会赢了辩论，输了生意。记住：不论客户有什么抗拒，你都不要与他争辩，你要做的是先认同他，再慢慢向他解释。

从认同到解释的过渡，可采用如下话术：

（1）我很同意你的说法，同时我也有一小点不同的意见，你可以听一下吗？

（2）我很感激你的意见，同时我可以表达一下我的看法吗？

（3）我很尊重你的看法，你也听听我的意见可以吗？

如果你能这样先认可对方，他就感到自己被尊重了，也就会对你以礼相待，甚至会心平气和地听你的解释。但是，若你直接反驳，他会很激动，进而产生更大的抗拒，以维护自己的立场。总之，当客户有抗拒时，不争辩，要先认同。

2.2.3 关键时刻三：客户想购买

有时客户想跟你买某种东西，可是他有些犹豫，你也没能帮他做决定，最后交易失败。假如你是这位客户，因为做不了决定而离开时，你感觉会好吗？你会感到失落。事实上，客户没有买到自己想买的东西，也会有一种失望的情绪。

因此，客户需要你帮他做决定时，你要果断帮他做决定。否则，他会因此而感到难过，觉得你服务不好。所以，在客户打算购买时，你要做到以下几点：

首先，**帮客户做决定**。有时只是一句话的事，比如“先生，买这个没问题。”在客户想买的时候，你对他说这句话能加强他的决心。

其次，**让客户买得容易**。在客户有购买欲望时，你要提供方便快捷的交易方式。比如，提供刷卡服务、分期付款、先交订金等多种不同的交易方式，方便客户购买。

这里有一点我要强调一下：不要害怕被拒。据统计，有 46% 的人在第一次要求被客户拒绝之后，就再也不敢要求客户了。四次要求被拒绝就放弃的人加起来有 96%，但是有 60% 的生意是在第五次要求后成交的。换句话说，有 4% 的人能得到 60% 的生意。所以，只要你敢要求，再要求，最后，客户就会跟你做生意。

2.2.4 关键时刻四：客户购买后

很多人在客户购买东西之前，会对客户百般好，可是在客户买完后，冷面对。其实大多数客户都担心买完东西后受冷落。所以客户购买后，更是服务他的关键时刻，也是产生复购基础的关键时刻。这个关键时刻怎么处理呢？很简单，给客户实际提供的服务超过你所承诺的。

下面举一个例子来讲解。

假设你是一位大米零售商。有位大爷来跟你买 2 斤米，称完米后，你对他说："大爷，这是 2 斤米，一共 15 元。"在大爷付完 15 元钱后，你说："大爷，我再给你加点米。"你给大爷多加的一点米是完全免费的。如果你是这位大爷，你高不高兴？

下次，大爷再来买米时，刚好米价涨了，再给大爷加米你会赔钱。此时正好鸡蛋便宜，在大爷买米后，你多给了他 2 个鸡蛋。拿着免费的鸡蛋，大爷开不开心？

在客户每次交易完后，给他一些额外惊喜，也就是提供超预期服务，客户肯定都会喜欢跟你做生意。

2.2.5　关键时刻五：客户拒绝时

眼见客户就要下单，就差临门一脚时，他突然说不买了。这个时候，你怎么办？

松下幸之助曾教育他的经销商：当客户上门东看西看，你花了很长时间招呼他，结果他不跟你买东西，这时，你要怎么对他呢？答案是对不买的客户要比原来更客气。

然而，现实中，客户不买的时候，大部分伙伴会觉得自己的服务白费了，然后对客户的语气、态度立马变为失望、不耐烦，之前的温柔荡然无存。当你这样做时，你只会让客户远离你，更加不会购买你的产品，当下次需要时，也会找其他代理购买。

若客户不购买或代理不愿意加盟你的项目时，你对他比原来更客气，你可能会在他心目中留下好印象。他下次需要购买产品或代理品牌时，很可能会继续回头找你，或者会为你介绍客户、代理。为什么？因为他之前未购买或代理你的产品，会觉得内疚，后期会找机会回馈你。这就是心理学中的"互惠原则"。**很大程度上，服务经营的其实是客户的内疚感。**

2.2.6　关键时刻六：客户抱怨时

当客户有抱怨时，你该如何处理？

我们先来正面理解抱怨的好处：

其一，客户的抱怨可以指出产品、企业、服务的不足，为提升质量提供参考。

其二，客户抱怨时是你再次服务他的好机会。如果你能把握住时机，将不利转化为有利，你的业绩必将不断倍增。

其三，客户抱怨时是提升客户忠诚度的好时机。如果你能妥善处理好客户的抱怨，让客户感受到你的真诚和重视，他会成为你的忠诚客户，甚至会帮你转介绍。

那么，具体如何处理好客户的抱怨？可以借鉴一下世界 500 强企业解决客户抱怨时使用的 8 个步骤。

（1）耐心了解抱怨。当客户抱怨时，你要耐心、真诚地了解清楚客户为何抱怨。

（2）做好记录。记录客户抱怨的内容。

（3）明白客户的想法。弄清楚客户的真实心理，采用客户喜欢的方式解决问题，提升客户满意度。即使不能完全满足客户需求，也要耐心和客户沟通，博得客户的谅解。很多时候，客户更看重你的服务态度。

（4）提出解决方案。向客户说明你的方案，并征得他的同意。

（5）若客户不同意，请他说出他的想法。如果客户的方案在你可以接受的范畴，你可以支持客户的想法。如果他的想法超出了你的底线，你可以求助于团队领导，或者和客户协商，重新提出一个双方都能接受的方案。

（6）解决抱怨后，继续跟进后续事宜，确保问题解决。

（7）跟进客户，了解他的满意度。

（8）给客户留下好印象。你处理抱怨的态度是影响客户对你印象的重要因素。

2.3 客户、代理消费的三大阶段

理解客户行为是服务营销的核心。我们需要了解客户在购买、使用产品时如何做出决策，有哪些因素决定了客户在实际的消费和决策过程中、在消费以后的满意度。

服务营销学中，消费过程划分为三个阶段：购买前、接触时、接触后。

下表显示，每个消费阶段都包含了两个或更多的步骤。

消费阶段	涉及的服务内容
购买前	需求被唤起
	搜寻信息流
	替代品评价
	做购买决策
接触时	客户提出需求
	服务者（人或机器）提供服务
	客户体验产品
接触后	客户评价产品质量
	客户意愿：复购，转介绍

2.4　购买前：如何激发客户渴求

购买前这个阶段始于客户需求唤起，随后客户要搜寻信息，评价各个备选产品，并最终决定是否购买某款产品。

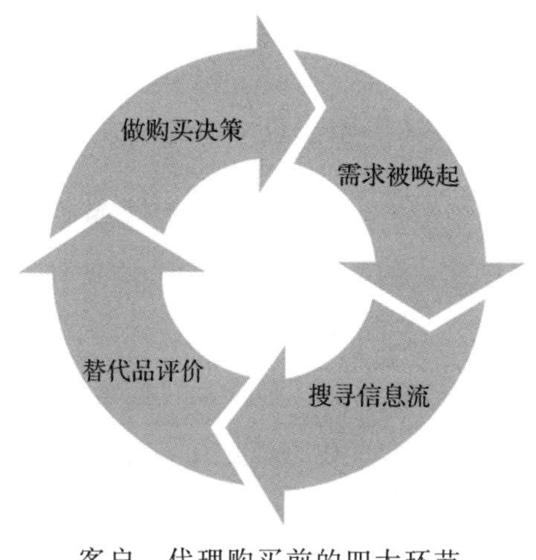

客户、代理购买前的四大环节

2.4.1 需求被唤起：激发客户、代理的强烈渴求

客户对产品的购买和使用是由个人或组织的需求引发的。需求驱使人们搜寻信息、评价备选方案，并最终做出是否购买的决策。人的需求主要由以下因素引发：

- 潜意识，如个人身份和抱负；
- 身体、生理需求，如发胖后渴求减肥。

一旦客户意识到自己的需求，就会采取行动来满足它。

客户的需求往往由内外两种因素唤醒，其中，外在因素作用更大。如想减肥时，减肥需求更大程度上是受减肥广告、漂亮衣服、窈窕女子的美好形象、男性对苗条女性的青睐、传统习俗等外在因素激发的。

1. 激发客户、代理需求的策略

如何激发客户的强烈需求？

当我们希望让客户尽快做出决定，购买、使用你的产品，或者希望唤起客户对产品的渴望时，可以从潜意识、生理层面着手。

（1）情绪激发：从营销角度来说，情绪激发就是挖掘和放大客户痛点，然后为其提出解决方案。

激发情绪（创造缺乏感）→引起思考→提出方案（消除缺乏感）

（2）情境唤醒：找到与产品的属性或功能有联系的且发生频率高的某种情境，用其激发目标客户的需求，让他们形成条件反射，遇到这种情境就会想到你的产品。

（3）虚拟团体：所谓虚拟团体，是指从目标客户的角度出发考虑问题，拉近彼此距离，将你的行为合理化，让你更具亲和力。

根据品牌的定位及目标人群的特点，品牌可以构建一个或多个虚拟团

体，激发需求力，让目标用户找到归属感或安全感。

2. 激发客户、代理需求的技巧

品牌可用 SPIN 发问法激发客户、代理的需求。

SPIN 发问法：

- S(Situation)：现状问题；
- P(Problem)：困难问题；
- I(Implication)：关联问题；
- N(Need-pay)：价值问题。

下面以某减肥产品为例，介绍如何使用 SPIN 发问法。

面对客户时，可以进行如下提问：

- 现状问题：您现在多重？
- 困难问题：如果您的体重继续维持现状或增加，会不会影响您穿好看的衣服？是否会影响您的社交形象？您会不会罹患脂肪肝、高血压等因肥胖引起的疾病？
- 关联问题：如果您罹患这些疾病，您的家人会不会为您担心？您是不是要花很多医药费？是不是会增加家庭负担？
- 价值问题：有一个方案可以帮您解决后顾之忧，您是否愿意了解？

面对代理时，可以进行如下提问：

- 现状问题：您现在是不是想轻创业？
- 困难问题：如果您现在不创业，是不是觉得不甘心或者生活没趣？如果您选择传统创业项目，是不是担心创业门槛高、成本高、风险高？
- 关联问题：您如果选择传统创业，创业压力是不是很大？一旦创业失败，是不是损失很大？会不会影响您现在的生活、您的家庭及家人？

- 价值问题：有一个方案可以帮您轻松创业，门槛低、成本小、风险微，您是否愿意了解？

2.4.2 搜寻信息流：影响客户、代理购买的关键

一旦客户、代理意识到自己的需求，这个需求就会驱使客户、代理寻找解决的方案。备选方案是解决同一个需求的不同方法。

如某客户在代理某品牌之前，可能只是个客户，他意识到自己的需求后，开始通过网上、朋友圈信息以及朋友的分享来寻求能够有效解决需求的方式。他可能在发现某一主流解决方案时，还发现了其他多种备选方案。

此时客户的脑海里可能会出现多种方案的集合，即客户在决策过程中可能会考虑的产品、品牌的集合。考虑集合的形成可能来源于客户以往的经历，也可能来源于外在因素，如广告、微信朋友圈、抖音、小红书、朋友推荐等。

考虑集合形成后，客户、代理就要在做最终决策前对不同的备选方案进行评价。

品牌方如何把握好“信息搜寻”环节来影响客户、代理购买？可以从以下几方面着手：

1. 做好网络推广

互联网时代，客户、代理了解某产品、品牌项目，除了会通过熟人渠道，另一个主要途径是通过网络搜索。因此品牌在推广产品和项目时，要做好网络推广工作。

- 传统互联网：虽然现在进入移动互联网时代了，但 PC 端等传统互联网仍然有效。品牌可以在门户网站上发布自己的品牌、产品

信息，让客户、代理通过百度、搜狗等搜索引擎及时搜索到你的信息。

- 移动互联网：微信、微博、抖音、小红书等社交平台流量巨大，品牌要用好这些工具。

2. 借力网红推广

借助网红、意见领袖推广品牌、产品是移动互联网时代品牌传播的有力武器。可以让网红在线使用产品进行推荐。

3. 做好口碑传播

社交时代，最好也是性价比最高的营销方法就是口碑传播。

如何做好口碑传播？基础是打造好产品口碑，只有这样才具备在客户中不断传播的条件。

具体可以从以下几点着手。

- 培养口碑意识。品牌方要有培养自己产品口碑的意识，充分认识到口碑的重要性。
- 品牌及品牌创始人都要有口碑意识：其实品牌创始人的个人魅力、声誉及其在粉丝心目中的形象对口碑的形成极其重要。这方面，董明珠女士和格力是典型的代表。
- 学会讲好故事。有了好的口碑后，为了提升其传播力及影响力，品牌方要会讲好品牌故事、创始人故事，而且要反复讲述，不断加深客户、代理对品牌及创始人的印象及认同。
- 找到关键人物。有了好口碑，通过关键人物，更容易加快其传播甚至直接引爆口碑传播。
- 做好服务。仅有口碑，服务跟不上，会导致品牌后劲不足，甚至崩盘。此外，服务其实也是品牌口碑的重要组成部分。

2.4.3 替代品评价：如何让客户、代理优先选你

客户、代理在搜寻相关信息后，会对同类服务进行比较和评价，进而选择一个与他的预算及理想较为匹配的产品。

在对同类产品进行比较的过程中，客户、代理其实已经评估了各产品及服务的优劣，并形成了自己对服务的期望值。接下来便是做出产品购买决策了。

品牌如何在客户、代理评价替代品时突出自己的优势并博得客户、代理的“芳心”？

面对客户时，可以采取如下措施：

- 突出品牌优势：品牌在资历、资金、资源、影响力、明星代言等方面的优势。
- 突出产品优势：和同类产品相比，你的产品具有的独特优势，比如产地、工艺、用料等。
- 宣传成功案例：客户使用你的产品后，获得了哪些改变和价值。
- 宣传公益事件：可以参加公益活动，然后进行宣传，比如客户消费你的产品后，品牌将抽出部分利润捐给公益组织。这方面可以参考农夫山泉的做法。
- 产品百问百答：整理出品牌、产品的百问百答，提前解除客户的疑虑。

面对代理时，可以采取如下措施：

- 突出品牌优势：品牌在资历、资金、资源、影响力、明星代言等方面的优势。
- 品牌的价值观：要梳理出品牌的愿景、使命、价值观，并不断向潜在代理宣传。该方面阿里巴巴的做法值得借鉴。
- 宣传成功案例：哪些代理加盟品牌后获得了成长，裂变了团队，倍增了业绩，积累了大量财富，还成就了更多人。

- 宣传公益事：当代理加盟后，可以邀请其一起做公益事件，如一起建设希望小学或向公益组织捐款。

2.4.4　做购买决策：如何让客户、代理快速下单

客户、代理通过比较各种竞争服务的重要属性，评估感知风险，形成自己的理想产品、恰当产品、预期产品之后，方能做出最佳选择。

客户对于经常购买的产品做出决策可以非常简单、迅速，不用思考太多，因为这些产品对于他来说感知风险低，有明确的可选择替代物，而且由于他曾经使用过，所以对产品的各种特性了如指掌。如果客户有自己喜爱的经销商，那么就很有可能会毫无理由地再次选择购买其提供的产品。因此，微商伙伴如果想提升复购率，除了保证产品质量，还需提升服务质量，让客户对你的服务形成习惯甚至产生依赖。我们可通过服务减少客户做出购买决策的时间。

许多情况下，影响客户做出购买决策的关键因素是产品价格。因此我们需要将客户分层，找到产品的精准客户，同时还要借助体验和服务让客户获得超值感，降低其对价格的敏感度。

做出购买决策类似“临门一脚”。具体如何促进客户、代理购买产品或加盟项目？首先是做好“替代品评价”环节的工作，在此基础上还要做好下述工作。

客户层面：

- 整理出客户一定要购买产品的理由。
- 此时此刻购买产品可以享受哪些优惠或福利。

代理层面：

- 整理出代理一定要加盟品牌的理由。我做品牌顾问时，会建议品牌整理出加盟品牌项目的十大理由。

- 说明现在加盟品牌项目或升级高级别代理，可以享受哪些优惠（如半价优惠等）或赠送哪些福利（如普吉岛游、海外游学等）。

客户一旦做出决策，很快就会转入接触阶段，比如尝试线上产品体验、项目培训等。

2.5 接触产品时：如何让客户更满意

该阶段微商需要做好下述工作。

1. 区分不同接触度的服务

根据客户与微商接触程度的不同，提供的服务可以分为低接触度服务、高接触度服务。前者包括通过微信提供咨询、答疑等服务，通过朋友圈发布产品相关信息，通过微信群提供培训服务等，在此类服务中微商与客户间缺乏直接接触。后者包括提供线下体验、客户参观、线下培训等服务，该类服务中微商与客户需要直接接触。以往，微商以提供前者为主，但随着新零售的发展，微商开始重视线下布局，因此不断提升高接触度服务的质量。

2. 服务过程中做好细节工作

在服务接触阶段微商需要注意很多服务细节，因为这些细节可能会影响客户对服务质量的评价。重点做好如下工作。

- 先建立信任。刚进行微信沟通时，微商要将 80% 的精力用于建立与潜在客户、代理间的信任，不要急于转化客户。成交是一种潜移默化的过程。
- 重视满意度。线下体验时为潜在客户、代理做产品示范，提供无偿或有偿体验服务时，你的专业度、热情度、耐心度这些细节将会影响客户、代理对你服务的满意度，并决定潜在客户、代理是否购买或代理产品。

2.6　接触产品后：如何促进客户复购

在前两个阶段结束后，客户会将自己的体验感受与先前的期望进行比较，并对服务质量进行评价。

2.6.1　服务满意度：口碑营销的关键点

目前学术界普遍认为，客户的服务体验与先前期望服务水平的一致程度是决定客户满意度的关键因素。其中期望服务水平是客户做出购买服务决策后，在信息搜寻和选择过程中形成的。客户在服务接触过程中，通过体验产品，同时与自己的期望服务水平比较，最后形成了其满意度。如果客户的产品体验高于期望，其满意度就会偏高；反之，就会偏低。

从高度满意到极度不满是一个连续流。只要客户认为服务符合理想的，便会感到满意。当实际产品体验超越了理想水平时，用户就会对产品非常满意。当客户满意度偏高时，就有可能成为忠诚客户，进而产生复购、口碑传播，甚至转介绍。

考虑客户、代理在接受服务前对服务有着自己的期望值，因此我们可以适当降低客户、代理的期望值，采用“低承诺、高兑现”打法。这中间涉及耐心沟通及沟通技巧。

在降低客户、代理期望值的基础上，应提供加强客户、代理体验感并超越其期望值的服务，从而超越客户、代理对服务的期望值，提升其满意度。

即使客户、代理带着较高期望来享受服务，我们如果能为其提供其他品牌、微商未提供的极致服务，同样可以超越客户、代理的期望值，提升其服务满意度。

2.6.2　客户愉悦度：促进复购和转介绍

客户愉悦是目前服务营销界研究的一个热点。愉悦是高于满意的一种程度。很多微商伙伴不知如何才能让客户愉悦。其实，当客户的服务体验高于期望值并且伴有惊喜时，客户就会感到愉悦。那么，如何做到此点，为客户、代理提供超值服务？

具体来说就是要做好如下工作。

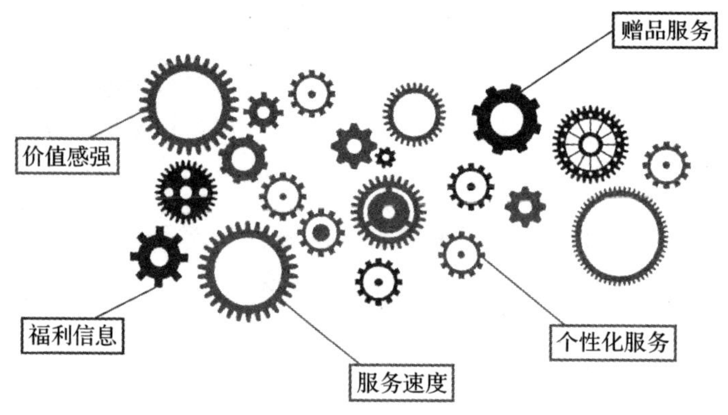

如何增强客户愉悦感

1. 价值感强

价值的定义是：与价格相对应的产品或服务的质量。价值与价格相关。现实中，很多企业在拼命降价，以提高客户对价值的认可。但是降价不是唯一有效的方法，也不是最好的方法。

更好的方法是提高客户的感知价值。有时客户需要的仅仅是对自己正在接受的价值的某种提示，比如服务环境的好坏、设施的舒适程度、产品的外观美观度、服务人员仪表得体性等，当然企业的可信任程度、企业的品牌形象等也都是创造更高感知价值的重要因素。要想让客户、代理产生超值体验，你需要让其产生很强的价值感。

2. 福利信息

我们可以通过向客户提供更多有用信息来让客户、代理产生超值体验。

比如微商上新品时有大量优惠或赠品，此时可以第一时间告知客户。

因为客户往往很忙，未必有足够时间关注你的朋友圈或客户福利群信息，很可能就会错过相关福利。等他知道时，说不定相关活动已经结束。人都喜欢额外利益，当他认为本来属于他的利益失去时，出于对损失的厌恶，他会对你心存不满，从而使满意度降低。

因此，每次有重要福利时，可以群发信息通知客户，必要时也可以一对一私聊重要的客户，告知他活动信息及他可以获得的好处。

对潜在代理也可以采用类似方法。

3. 服务速度

客户、代理普遍缺乏足够的耐心，尤其是等待产品或服务的耐心。这提示我们要重视服务的即时性、快捷性。若能当天给客户发货，就不要延迟发货；能及时答疑，就不要延后；能尽快处理的抱怨，就不要拖延。遇到特殊情况不能及时提供服务，也要第一时间告知客户详情。

4. 个性化服务

越来越多的微商开始为客户提供个性化服务。

当然，对很多微商来说，完全为客户提供量身定制的个性化服务不太现实，毕竟要考虑成本和精力。

那我们该如何在个性化方面做工作？其实不难。我们可以根据客户的喜好、基本情况，在节假日、客户生日时为客户提供个性化服务，让客户有种贵宾的感觉，这必然会提升客户忠诚度和转介绍率。

第3章

玩转售前服务抓牢客户的心

售前服务是微商在客户未接触产品之前所开展的一系列刺激客户购买欲望的服务工作。售前服务主要是协助客户做好工程规划和系统需求分析，使我们的产品能最大程度满足用户需要。

一个完整的销售流程包括售前服务、售中服务和售后服务三个部分。在当前市场环境下，售中服务、售后服务被放到突出的位置，对售前服务缺乏足够重视。然而，在整个营销和销售系统链条中，售前服务是营销和销售之间的纽带，作用至关重要，不可忽视。

优质的售前服务是产品销售的前提和基础，是提高微商业绩的关键。加强售前服务可以扩大产品销路，提高微商的竞争能力。

3.1 如何找到目标人群

要想做好售前服务，首先自然是找到要服务的精准人群，然后才能通过建立信赖感、互动交流、邀请体验来让目标服务群体真实感受到我们的优势，进而为售中变现顺利完成打好基础。

售前服务的内容多种多样，主要包括提供信息、市场调查预测、产品定制、加工整理、提供咨询、提供多种方便和财务服务等。售前服务的主要目的是协助客户做好规划和需求分析，让用户充分理解产品对于他们的需求来说可提供哪些价值。

3.1.1 目标人群具备的三大要素

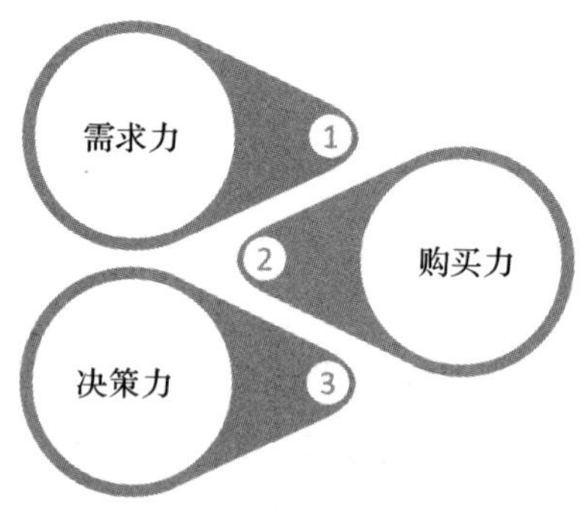

目标人群具备的三大要素

1. 需求力

没有需求的客户，产品再好，都不能激发他购买的动力。客户的需求是我们判断目标人群的第一要素。此外，客户的需求往往是相对的，随着时间和空间的变化，客户的需求点和需求度都会发生改变。现在不需要的东西，日后未必不需要。现在觉得贵的东西，换个地方未必觉得贵。比如，寒冬时节，矿泉水的需求量大大降低，但到了夏天，矿泉水的需求量就会大幅度提升。同样一瓶矿泉水，平时可能只能卖几元钱，但卖给沙漠中的旅行者，就可以达到十几元甚至几十元，因为稀缺度和需求度不一样。

目标客户的需求主要分为两种：

（1）**现实的需求**：客户存在的某方面的痛点，需要有产品帮助解决该痛点。有这类需求的客户是我们重点寻找的客户，因为其需求点很明确，成交难度很小。

（2）**激发的需求**：是指客户本来没有或没有意识到，但经我们激发后，出现的需求。比如，健身本来不是某些人的需求，但经宣传人员的教育、宣传后，意识到健身对健康的重要性，开始到健身房办卡，定期过去锻炼身体。

激发用户需求的方法如下：

- **教育客户**。我们要教育客户，向客户普及相关的需求知识。比如，保险人员善于向客户普及保险的重要性，让很多本来没有保险意识的人意识到有了保险对风险和意外的重要性，购买保险的意愿增强。
- **塑造产品的价值**。我们要让客户了解到我们的产品将会给他带来哪些好处，让他意识到我们的产品对他的价值，如改善身体情况、提升生活品质、提升气质等。
- **让客户体验产品**。我们可以让客户试用一些产品和服务，一旦客户体验到产品和服务给他带来的好处，他会改变原有的观念，开始出现相应的需求。

2. 购买力

只有客户拥有一定的购买能力，才会考虑购买我们的产品，否则我们的产品再好，对客户来说都可望而不可即。

3. 决策力

很多人不缺需求力和购买力，但我们还是很难成交他。为什么？因为他缺乏决策力，这时候我们要改变策略，加强其做决策的信心。若决策力不在其手中，必要时我们要帮其说服能帮他做决策的那个人。

3.1.2 微商目标人群分析

微商人要想找到目标人群，需要先分析目标人群。

1. 客户画像

通过画出目标人群的画像，可帮我们快速锁定他们。比如，若我们是卖化妆品的，女性人群是首选的目标人群。正常情况下，产品的标签或说明书上会有产品功效、适用年龄、适合人群的描述，我们可以根据这些描述来分析和定位目标客户。然后根据产品的价格和品牌的调性综合画出我们的客户画像。

2. 目标人群在哪？

当我们知道我们的目标客户是谁后，还要知道他们在哪。

我们可以采用以下几种方法来寻找我们的目标客户。

假设法

我们可以向自己提问："假设我是目标客户，我会出现在哪？"

比如，如果我是宝妈，我会出现在哪？宝妈经常会出现在亲子园、儿科、宝妈社群等处，这样我们就可以有针对性地进行定位和寻找。

调研法

我们也可以通过向目标人群调研，确定类似的人群出没和活动的场所。

比如，如果我们是卖减肥产品的，我们可以向身边肥胖朋友询问他们线下经常活动的地方和线上经常逛的网站或社群。

搜索法

互联网给我们带来了众多便利，其中一大便利是我们可以足不出户，便可以通过互联网搜索到很多知识，解决很多问题。

当我们想了解目标人群经常出没的场所时，可以借助百度、社交网站，在其中提问，这样很容易就会从众多网友那里获得答案。

总之，我们的目标人群在哪，我们就去哪。在实际过程中，我们可以将假设法、调研法、搜索法综合运用，以获得最大的效果，减少时间成本。毕竟，对微商来说时间才是最宝贵的。

3.2　建立信赖感的六大关键点

做微商，首先要和客户建立信任，只有客户对我们有了足够信任后，我们才可以进一步完成成交。我们要花 80% 的时间建立和客户之间的信任，花 20% 的时间成交客户。其实，当信任建立后，成交自然水到渠成。

微商可以从为人亲和、专业形象、事实见证、品牌实力、从业经验、真心待人六个方面来培养和客户之间的信任感。

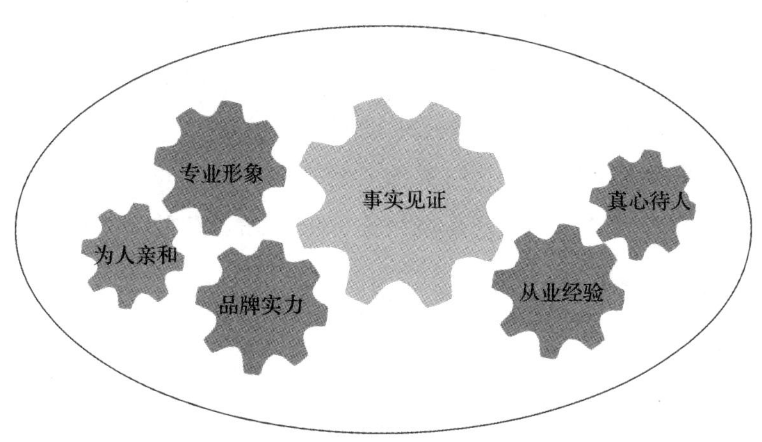

建立信赖感的六大关键点

3.2.1　为人亲和

通俗来讲，亲和力是指我们给他人心中的亲近感的强弱。21 世纪，拥有亲和力更容易拉近我们与客户、代理商之间的距离。

如何增强亲和力？

1. 倾听

每个人都希望被人倾听、被人重视。作为客户也是如此。好的微商一定要学会倾听客户的心声，通过倾听了解客户的需求和痛点。

如何做一个好的倾听者？

（1）**先放下自己已有的想法和判断，全神贯注地感受对方。**不要抱有安慰、否定、建议、同情、辩解、纠正等想法，因为这些既有的想法都会妨碍我们感受对方的处境。一个人在倾诉时只是想要一个专业的倾听者，想要别人了解他的处境，至于安慰、建议等都是倾听后的，若是在倾听中就提出，他会觉得不舒服。

（2）**要精神集中，配合适合的表情和动作。**我们要善于认真倾听客户的需求和倾诉。在倾听时，我们要集中注意力，保持精神集中，必须注意姿势，避免分心。我们要保持与客户的目光接触，适当展现赞许性的点头和恰当的面部表情，倾听过程中不要轻易打断。

（3）**体会他人的感受和需要。**我们要学会用心感受客户的语言信息和非语言信息，做到感同身受，真正走进客户的内心。

（4）**给倾诉者反馈。**什么时候需要给别人反馈？如果一个人在说话时有明显的情绪，一般表示他期待得到他人的反馈。在倾听之后，我们可以主动表达我们的理解。

2. 赞美

人都喜欢被赞美，赞美会让人们更有自信，感觉更好。做微商，我们要学会赞美客户。

赞美时需要注意以下几点：

赞美必须具体

很多人在赞美他人时，赞美的内容简单空洞，这样会让对方觉得你虚伪，只是为了迎合他，很难达到预期的效果。我们赞美他人时必须要具体，这样的话会显得更有诚意，会让对方觉得你懂他。

比如，我们可以对代理商说："你最近很努力，业绩比上个月提升了 30% 以上，继续努力！"你这样说就比说"你最近很努力，业绩比上个月提升了很多"效果更好。代理商听了之后，会觉得你一直在关注他、关心他，连业绩具体提升的数据都知道，他会很感动，接下来会更努力。

在自己擅长的方面赞美他人

当人们做某一件事情时，如果能得到该领域的权威人士或大咖的认可，他们一定会觉得开心。

真诚赞美

过于浮夸的语言很难让客户相信，甚至让客户反感。真诚的话其实更容易赢得别人的好感和对我们的信任。没有人能够拒绝真诚。

比如夸客户有气质时，如果我们说："您是我这辈子见过的最有气质的女士，看到您之后，我感觉我前半辈子都白活了。"类似这种话显得特别假，一般人都会不信，还会觉得我们油嘴滑舌。

赞美他人在意的东西

每个人都有自己非常在意的东西，在赞美他人时，可以把赞美内容集中在这方面。当然，前提是你要跟对方很熟，只有这样你才有可能知道对方真正在意的东西，而不是被一些假象迷惑。这里有个小技巧：翻看对方的朋友圈。如果一个人的朋友圈以晒美食为主，那么你称赞对方"会吃，懂吃"绝对没错。如果一个人的朋友圈经常转发各种创业故事，那么你可以称赞对方"上进，有理想"。当然不能仅看一两次朋友圈，必须要持续一段时间。

3. 认同

我们都希望获得他人的认同，也更喜欢与认同自己的人交朋友、相处。因此，当客户在向我们阐述某个观点、想法时，我们一定要给予对方一定的认同和理解。即使对方的部分内容我们不认同，我们也应先认同他，之后再委婉表达不同意见。比如，客户使用完我们的产品后，觉得效果不满意。当我们弄清楚是客户没有完全按照我们的要求使用产品时，我们不要直接指出客户的不足，可以采用“先肯定再指出”的方式来表达我们的想法。

4. 记忆

我们每个人都希望被别人重视。当客户和我们沟通交流时，发现我们能记住他的姓名、生日、年龄、家庭情况等基本信息，客户会认为在我们心中他是很重要的人，我们很重视他。自然他会对我们产生好感。

很多微商伙伴会觉得客户这么多，如何能记住所有客户的基本资料？其实我们可以借助各种工具，如手机便签、365 日记、有道云笔记等，也可以对客户在微信、通讯录中进行专门备注。

5. 共性

我们都喜欢和有相似兴趣爱好、经历的人在一起，这样会有更多的话题。比如，当我们人在异乡时，遇到老乡会觉得特别亲切，彼此会找到关于家乡的很多话题。当到了国外，即使发现同省的人甚至中国人都会让我们觉得亲切。因此当和客户交往时，我们也要寻找和客户的共性，通过聊双方共同的话题赢得客户对我们的好感。

共性可以从地点、兴趣、经历、痛点这几方面来寻找。

3.2.2 专业形象

专家为什么受人尊敬？因为在我们心中专家很专业。同样，在为客户提供服务时，我们一定要在客户心中建立一个专业的形象，这样我们提供的服务才人被充分重视。专业包括专业知识、专业形象两方面。

1. 专业知识

做微商，一定要有过硬的知识，为此我们要学习销售知识、服务客户知识、招募代理知识及产品知识。只有当我们足够专业后，在客户或代理心中，我们才是一个专家，客户遇到问题时才会找我们解决，代理遇到困难时，才会请我们帮忙，我们才有更多为客户提供服务的机会。如果不够专业，不能及时解决客户的疑问、痛点，不能解决代理的难题，客户或代理就很难信任我们。

2. 专业形象

专业的形象包括个人形象和微信朋友圈形象。

做微商一定要有一个好的个人形象。我们要舍得在打造个人形象上投资，平时要注重穿衣打扮，注意仪容仪表。穿衣服视个人情况而定，未必一定要全是高档品牌，只要让人看上去舒服，适合自己的身份就行。

微信朋友圈形象对微商来说尤其重要。因为很多时候客户是从朋友圈了解我们、熟悉我们的，因此我们一定要认真打造自己的微信朋友圈，让朋友圈为我们加分。微信朋友圈打造主要从微信头像、微信昵称、标签、个性签名、朋友圈封面相册等几方面入手。这方面的知识其他几本“我是微商”有详细介绍，故这里不再展开。

3.2.3 事实见证

有位伙伴和我说，以前他参加过一些培训课程，培训过程中，培训师给他看了大量视频见证、图片见证，包括他做过什么、和谁合影、和谁是朋友等，并且在两天甚至三天的课程中重复展示这些图片、视频与内容，一直讲到他深信不疑，直到刷卡买单。这就是成交的秘密：见证，源源不断的见证！

一般人都只相信自己看到的东西，因此我们在为客户提供服务时要通过向客户展示各种见证，赢得客户的信任。

具体而言，下述物件可以作为证据用于见证。

- **客户见证：**客户使用产品后的反馈、客户的故事、代理商的故事、你的创业故事、团队创始人及品牌创始人的故事、客户使用产品前后的对比照片等资料。

- **专业证明**：从业资格、专业资格、发表的文章、出版的图书、各种证书等。
- **公益证明**：做过公益事件的报道等，包括捐款、做善事等。

事实见证是你的成交工具。你可以将上述资料整理成数据包，遇到各种服务场景，都可以拿出来给对方看，讲到哪里，见证看到哪里，直到成交！

见证资料可以在招商会、沙龙会上展示，也可以在抖音、小红书等平台及微信朋友圈中展示。朋友圈作为微商的重要营销阵地和打造个人品牌的阵地，一定要用好。好的朋友圈可以帮助我们用极低的成本做好个人和产品的服务。

3.2.4 品牌实力

微商已经进入品牌化、企业化的时代，如果说以前拼的是团队，现在拼的就不只是团队自身了，更包括品牌实力，例如在对外宣传的时候，就可以用企业的实力来间接营造、提升你的实力。在为用户提供服务时可在恰当的时机向用户展示品牌实力。可以向客户展示的内容如下：

- **资金实力**。一家好的企业有充足的资金储备，必然有着很好的利润，如果企业的现金流很小，企业的盈利能力很差，那么这家企业就不具备很强的实力。
- **工厂实力**。企业有没有大型的生产工厂相配套，反映了这家企业能否消化大的订单，是否有较好的市场份额。
- **员工实力**。企业员工的质量与数量也反映了企业的实力，有实力的企业必然有一大批专业的人才，这样的企业才是值得信赖的。
- **业绩实力**。企业的业绩大不大？企业在销售上有没有一个良性的增长，这也是企业实力与发展的一种体现。
- **品牌实力**。品牌知名度及影响力是企业实力的重要体现。

- **办公环境**。企业的办公位置、办公环境等都是公司实力的一种直观体现。
- **政策扶持**。企业对代理的政策扶持及培训扶持是这家企业的软实力，会吸引很多起步较低及渴望成长的代理。

做微商，要学会向团队尤其公司借力，借力打力不费力！

3.2.5 从业经验

我有一位朋友，经营着一家技术开发型的公司，做的是和移动互联网创业相关的软件与系统的开发，他希望通过微信打造个人品牌，问我怎么做。

我问他："你在技术开发领域创业有多久了？

他说："15 年了。"

我说："从你的微信名开始做起吧"。

"×××@ 专注系统开发 15 年"这个昵称之后陪伴了他很久，也为他带来了很多业务合作，这就是从业经验带来的信赖感。我们在和客户交流的时候可以根据自己的情况为自己打上一个标签。

从业经验具体包括从业年数、服务客户数、团队人数、年业绩等。

3.2.6 真心待人

其实上述内容只是建立信任的一部分，还有一点对建立信任感非常重要，那就是真心为他人着想。

当客户遇到困难时，我们可以在力所能及的范围内及时伸出援手，说不定我们的举手之劳能帮助客户解决难题，让客户对我们感激万分。当我们的产品确实不是很适合客户时，即使客户要下单，我们也要建议客户选择更适合的产品，这种服务会让客户觉得我们真心为他着想，虽然失去了这次交易，但却赢来了以后多次购买。

我一直觉得，市场上最大的套路就是真诚、真心。当我们真心、真诚为客户着想时，他会感觉到，也会很感动，自然会把我们当作值得信任的人。

做微商，一定要有一颗为客户、为代理着想的心。我们只向客户推荐适合他、对他有帮助的产品。

3.3 通过互动服务抓牢客户的心

电商是基于客户购买需求产生的互动，微商是基于互动产生的购买需求，两者销售模式差异很大。做微商，其实是在做人，只有做人成功了，才能拉近与客户之间的距离，建立足够的信任。沟通互动是我们拉近与客户距离的重要方法。

微商与微友之间的互动方式包括：一对一沟通、批发式互动。批发式互动主要包括群发式互动、朋友圈互动、微信群互动。

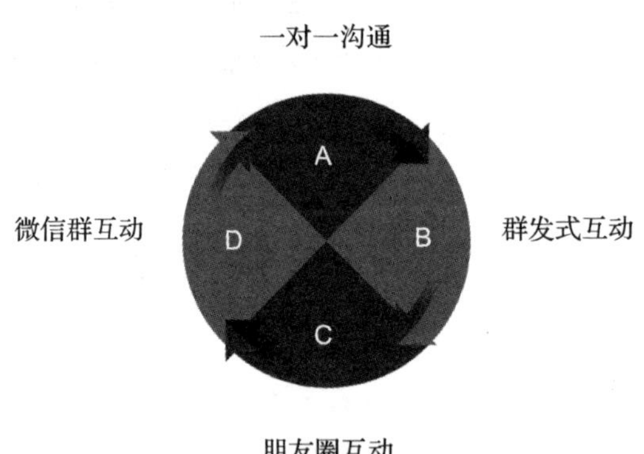

微商与微友之间的互动方式

3.3.1 一对一沟通：精准服务俘获客户心

一对一互动会让微友觉得我们很重视他，互动效果会更好。一对一互动时，我们需要注意以下几点：有亲和力、拥有亲和力的微商将更容易和客户建立信任、搞好关系。这将为我们吸引大量客户。寻找共性、足够专业，这些内容前边均有涉及，这里不再重复。

除了上述几点，这里我要重点强调一点——有价值，一对一互动可以拉近我们与微友之间的关系，但如果想长久维持这种关系，就一定要让微友觉得我们是一个有价值的人。

如何让微友获悉我们的价值？可以主动告知。我们可以主动向微友进行自我介绍。自我介绍的内容主要包括：我是谁？来自哪里？是做什么的？有哪些成就？能提供哪些价值？

当然，我们也可以在朋友圈中将我们能为广大微友提供的价值展示给他们看，这样无须我们自己多言，微友就能了解我们的价值，在需要时他会主动找我们。

3.3.2 群发式互动：让服务批发成交客户

我们可以通过微信自带的群发功能与微友进行群发互动。

1. 常见的群发互动方式

群发互动的方式主要有：

询问式群发

询问式群发主要是针对群发的内容在一条以上的，或者为了筛选精准客户，目的是让微友不反感，或者让精准客户浮出来。

询问式群发的大致格式是：我想告知你某件事，不知道你是否需要，需要请回复 A，不需要请回复 B。

价值式群发

我们定期为微友群发一些有价值的信息，为其提供价值。比如，若我们是卖健康产品的，就可以定期群发一些健康知识；若我们是卖化妆品的，就可以定期为微友群发一些美容、护肤知识。

正常情况下，人们都会对那些为自己提供价值的微友产生好感，一般都能接受他群发的有价值的信息。

当然，在第一次群发时最好用询问的语气询问微友对我们群发的内容的接受度。之后我们再发一条询问信息："这条信息不知道对您是否有价值？如果您今后还想收到干货信息请回复 1，我后期会继续为您发送更多有价值的内容；如果您不想再收到类似信息请回复 2，很抱歉打扰您了；不回复则默认愿意接收，我会给您提供更多的干货哟。祝好！"

如果群发的内容较短，我们可以直接按照上述方法群发微友。如果群发的信息较多，可以将相关信息整理成文档或电子书之后再群发，也可以以微信公众号文章的形式发布到朋友圈，让微友去朋友圈查阅相关内容。

2. 群发注意事项

群发信息给微友时要注意如下几点：

（1）**控制好群发频率**：群发信息不能太频繁，需要控制好频率，否则很容易引起对方的反感。即使你群发的内容对他有价值，他也会觉得被打扰了，进而影响群发的效果。

（2）**掌握好群发的时间**：如果我们选择在对方很忙的时间群发消息，他很可能没有时间看，时间一长就忘了，影响我们群发的效果。选择中午、下班后、晚上这几个时间段群发效果最好。

（3）**群发信息长度**：群发的内容要控制好字数，不宜过长，否则需要微友往下滑动手机屏幕，增加阅读的烦琐度。控制在一屏内为佳，对方可一目了然。

3.3.3 朋友圈互动：微服务助你开疆拓土

朋友圈互动是我们和微友互动时常用的模式，也是最简单的微服务，主要包括以下几种互动方式。

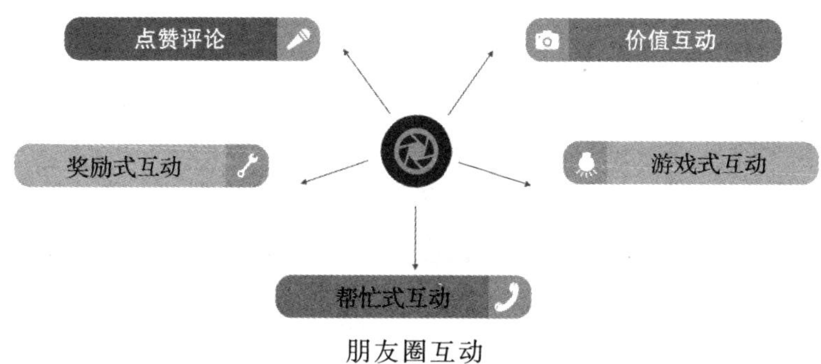

朋友圈互动

1. 点赞评论

点赞评论是朋友圈互动中最简单、最常见的互动方式。

在给别人朋友圈点赞时我们要注意以下几点：

（1）**点赞的时间不宜过早。**点赞太早，很有可能会让人觉得是自动点赞软件在为其点赞。很多微商觉得使用点赞软件为微友点赞既方便省时，又不会遗漏疏忽，好处多多。但其实不然，你用点赞软件，微友能看出来，他会觉得我们诚意不够，有时一些不适合点赞的内容也被点赞，这不但不能带来信任和好感，反而会带来其对我们的不满。

（2）**最好顺便评论。**如果我们在为微友点赞时顺便评论了其朋友圈消息，微友会觉得我们认真看完了他的这条朋友圈消息，会觉得我们很用心，很容易对我们产生好感。

当然，因为每个人的时间和精力都是有限的，因此建议选择适合自己评论的朋友圈信息评论。此外，我们要优选那些值得我们互动的微友的朋友圈内容进行评论。

（3）**评论要有针对性。**最好的评论是精心设计、有针对性的，这样才会让微友觉得我们很用心、贴心。

比如微友今天穿了一件红色连衣裙，自拍后晒在朋友圈。你看到后，可以针对微友的气质进行有针对性的评论。

评论要有见识

通过评论的内容要让微友觉得我们有见识，很专业。

比如，微友说最近嘴唇上起了泡泡，很影响形象。这时候我们可以评论："起疱疹是上火了，可能是因为最近熬夜了，也可能是因为吃了辛辣食物。针对前者，建议一定要早睡，熬夜伤身。针对后者，可以喝些祛火的茶，当然最好是清淡饮食。怕难看，外出时可以戴上口罩。"这样的评论，既让微友觉得我们贴心、有温度，又让微友觉得我们很专业，对我们更信任。

2. 游戏式互动

我们可以在朋友圈发布一些有趣的小游戏激发微友与我们互动。

记住，这些小游戏一定要有趣、吸引人，最好能有悬念，微友回复后再公布具体答案，这样效果会更佳。

3. 帮忙式互动

当我们遇到一些问题时，可以发布在朋友圈中，求助万能的朋友圈。

当然，很多时候我们不一定是真的遇到问题了，只是借助一个问题和广大微友互动而已，提升朋友圈活跃度。

4. 奖励式互动

我们可以在朋友圈发布一些活动，互动的微友可以获得奖励。

建议将一些赠品、试用的新品作为奖品，我们可以在朋友圈中对产品进行简单介绍，一来宣传产品，二来促进朋友圈互动。

奖励式互动一定要记得及时兑现，且不能有遗漏。我经常遇到一些微商举办活动，承诺参与者有奖。当我参与活动后，却根本收不到奖励，我对这些没有及时兑现承诺的微商就不再信任了。

3.3.4 微信群互动：微社群力量不容小觑

想做好微商，微信群也是我们要重视的一块宝地。微信群互动要注意以下几点：

1. 先有交情后有交易

不同的圈子，自然会有各自的圈子法则。我们要把群友当朋友接触而不是当客户，当时机成熟后再成交。如果我们想迅速融入某个圈子，就必须要“执牛耳”、抓全局，先做人再做事。

我们需要先全面了解群管、群主是谁，因为这些人在群内属于权威人士，有影响力，掌握他们的信息并加以了解，可以事半功倍。此时需要注意一个细节：有的群里，群主和群管未必是同一个人，因此我们要做足功课去了解；还要了解群规则——知道大家是怎么玩的，禁忌在哪里，投其所好，避免雷区。作为一个新人，还未真正和其他人建立联系就已经对规则十分熟悉，会让其他成员没有违和感并且心生好感，会帮我们最快地融入群。通过参与群组织的活动，可以快速熟悉群友。

2. 不鸣则已，一鸣惊人

刚进群最好保持低调，以静制动。千万不要一进去就嚷嚷，声称自己是某某知名品牌、大店的创始人。这样会让其他人感觉我们比较浮夸聒噪，对我们很难形成好感。真正的高手到了新群，会先观察，看看这个群的意见领袖是何人，然后再去想办法找这些人借力，而不是自己主动暴露短板。

3. 在群里找到能为自己说话的人

一个人再牛，没有人支持，也是孤掌难鸣。在微信群混也是如此，如果我们想混好微信群，和微友建立深入长久的关系，迅速找到组织非常重要。混群，就是要在每个群，都有几个人认识你，帮你说话。有人提到你的时候，他们会站出来为你作证，说这个人我认识，挺靠谱。

那怎么才能找到这些人呢？发红包是一个快速有效的办法。我们可以去找这个群的群主或者管理员，让他帮忙介绍一下我们，这个过程不可以省略，因为这是在群里面塑造个人形象的第一步。等群主或管理员介绍完了，我们就可以连发几个红包，造成轰动效应。如果不想发红包，也可以，在群里发大拇指表情就行了。谁讲得好，我们就给他点个赞，赞完之后就加他微友，我们可以这样和对方打招呼："你好，我深入学习探讨。"这样的铺垫，很容易得到对方的回应，双方的关系也就建立起来了。

3.4 免费体验服务：最强大的营销武器

我们在商场或超市，经常会遇到各种产品的免费体验。此时大部分顾客愿意停下脚步尝试一下该产品，如果觉得不错，加上自己也有购买的需求，就会付款购买。甚至很多顾客原本没有相关需求，觉得产品不错，也可能被激发出购买的欲望，买些产品回去尝尝。

这就是免费体验服务的巨大威力。

很多微商品牌、个人微商也意识到了免费体验服务的重要性，在新品上市或搞促销时，会给潜在客户或老客户赠送一些免费产品，旨在通过免费体验服务拓宽市场。

具体而言，免费体验更有说服力，可让客户亲自对比，充分挖掘客户的后端价值。

3.4.1 免费体验的前提条件

微商产品中，并非所有产品都适合免费体验，微商产品想开展免费体验，需要满足以下几个前提条件：

1. 见效要快

见效快的产品，比如快消品，这类产品一般成本较低，因为更容易产生体验效果，所以可以当时促成成交。若是需要长期见效的产品，可能因为客户未坚持而无效，也可能见效了，但未反馈。无论是哪种情况，都意味着本次体验失败。

但如果你只有见效周期长的微商产品，如减肥产品，怎么办？此时建议你采用如下策略开展免费体验。

（1）**提前告知**。如果你的产品三盒才能见效，但你本次活动只能给客户免费试用一盒，你要提前告知客户实情，让客户获悉后再决定要不要体验。避免客户在不知情的情况下使用完产品没有达到预期，就以为你的产品效果欠佳。

（2）**搭配优惠措施**。在你告知客户产品见效周期长后，若客户仍然愿意体验产品，此时除可以免费让客户体验试用产品外，还应配合一些优惠措施，如优惠券、打折券等，以便其下次购买产品时可以使用。这样客户觉得占了便宜，购买意愿就会增强。记住，搞的优惠措施一定要让客户觉得真正占到便宜了。

2. 产品质量有保障

开展免费体验的微商产品质量一定要有保障。其实很容易理解，如果你的产品质量无法保证，客户体验感会很差，你搞活动等于赔了夫人又折兵。

3. 产品要有卖点

一款没有卖点的微商产品本身就不好卖，用于免费体验活动，也很难达到理想的效果。

所谓的卖点，主要包括性价比高、效果好、携带方便等，当然还有其他的，比如名家代言、产地优良、历史悠久等。

当然，如果产品有卖点却没有向客户讲明，客户不知道，你的免费体验活动也很难取得满意的效果，因为客户不知道即相当于没有。因此，我们要在客户使用产品之前向客户描述清楚我们产品的卖点，然后在客户体验时再有针对性地让客户感受相关卖点，加深客户的印象，提升体验的效果。

4. 免费服务要分类

提供免费服务时，要根据客户情况确定免费服务的次数。这主要是针对那些有线下体验店的微商伙伴。如针对首次来店里咨询的客户，我们可以为其提供 1～3 次免费服务，而针对会员提供更多服务。

另外，我们应将会员至少分为一般会员和 VIP 会员两级。现在很多大的微商品牌已经开展了“微商城 + 会员管理 + 代理商管理”三位一体的服务系统。这必然会涉及不同会员。建议可以为普通会员提供数十次免费服务；针对 VIP 会员，提供终身免费服务，以增强 VIP 会员的归属感和自豪感，同时也能吸引更多普通会员成为 VIP 会员。有人可能会说，终身免费了，我们的收益怎么办？答案就是用免费的服务带动高价值的产品销售。这方面大家可以去参考 360 软件的做法。

3.4.2 如何开展免费体验

微商为客户提供的免费体验主要分为免费产品体验和免费服务体验两种。

1. 免费产品体验

线下免费体验

微商的产品免费体验主要针对线下。有线下体验店的微商可以让客户在店中享受免费体验，没有线下体验店的微商可以通过地推开展免费体验。

我认识一个微商品牌，他们已布局新零售，拥有自己的线下体验店，客户在他们的门店中可免费体验产品。此外，他们也会引导代理开展地推。比如在 2017 年 5 月的上海美博会上，他们开设了展位，以让用户免费体验他们的产品。我当时就成为他们的客户。当时工作人员很用心地将他们的主打产品涂在我的半边脸上，让我感受他们细心的服务，然后在十几分钟后让我自己对比使用产品后的半边脸和未使用产品的半边脸的明显差异。正是通过这种免费产品体验和服务体验，我对这个品牌产生了极其深刻的印象。

大部分微商因为条件限制，还没有能力开线下体验店，此时我们可以通过开展地推，让客户体验自己的产品。地推的方式不限，但一定要选择在目标客户经常出现或者集中出现的地方，这些地方往往引流效果比较理想。

线下免费体验的原则：当面送，当面拆，当面用。

送体验时要当着客户的面送，最好不要邮寄过去。当面送的时候，你要当面拆开，因为若是没有当面拆开，他很可能会转送给别人。在拆开后，要让客户当面使用，因为只有在他使用产品后，你才有机会跟他描述产品，为他服务，知道他的体验。

线上免费体验

产品的线上免费体验不是不可以开展，只是可能很难达到线下的体验效果，主要原因有：

（1）**线上寄送产品涉及快递费**。很多微商舍不得承担快递费，会选择到付，需要客户自己承担快递费。如果你的体验品本身的零售价格低于快递费，那么客户会觉得花快递费的钱体验所谓的免费试用，很不划算，很难接受，即使出于人情接受了，也因为有这种心结，体验感受不好。

（2）**线上进行的产品体验使用情况很难掌握**。因为邮寄产品的时候，你和你的产品便断开连接了。你的客户收到产品后，他什么时候用、用的效果如何你都不知道。此外，还存在两种可能：第一种可能，他不敢用。因为你没有教他如何用。第二种可能，他送给别人了。如果出现上述情况，那你的体验就白送了。

那如果必须开展线上免费体验产品活动怎么办？要掌握好如下几个原则：

（1）**免费体验的产品价格要远高于快递费**。你要事先告知客户该款免费产品的真实价格，塑造产品的价值，引起客户重视。别让客户觉得免费的产品都不值钱。

（2）**将产品使用流程发给客户**。你可以将产品使用流程拍成视频发送给客户，让客户轻松试用产品。

（3）**及时督促**。你要在客户收到产品后督促他尽快使用产品，避免因时间过长，客户没有了体验产品的兴致。一般客户不会反感你的催促，如果你的方法、语气、态度得当，客户反而会觉得你是一个很负责任很有执行力的人，一旦客户认可你这个人，后续的成交就变得容易了。若客户不愿意体验产品，你要想办法弄清楚具体原因，以便总结、提升相关经验，为下次服务做准备。

2. 免费服务体验

微商通过线下门店或地推处让客户体验产品时往往也同步开展了免费服务体验。客户在感受产品效果时也同时体验了你的服务质量。如果你的服务很到位，会很容易建立和客户之间的关系。甚至有时候你的产品存在一些不足，客户因为认可你的服务，他也会考虑购买。

其实很多美容美发店也有类似的免费服务，如免费化妆、免费美甲等，值得我们借鉴。但美容美发店不足之处在于，成交客户的意图太明显，即使产品不适合客户，或者客户没有相关需求，服务人员为了业绩，也会想法子推销产品。这一点其实会适得其反，很容易引起客户的反感，就算本次成交了，下次也不会再过来了。

我有一个朋友是某微商品牌创始人，她在创立现有微商品牌之前做过女装生意。她正是通过提供一些免费周到的服务，积累了大量客户，这些客户中部分人后来还成了她的大代理。她是如何服务客户的？她的店虽然在市中心，但位置很偏僻，位于某写字楼的 13 楼，非常不好找。因此，她很珍惜每一位到店的顾客。为了能留住顾客的心，她在店里设了桌子和厨房，她会给顾客做饭菜，和顾客聊天，当然顾客还可以试穿漂亮的衣服。任何人来，不管你买不买东西，都可以在工作室吃饭，这些饭菜中有几个是她精心准备的特色小菜，很多客户有时候会专门为了这几个小菜来她的女装工作室，还会带上一些朋友。为了捧场，大部分客户吃完菜后会顺带着买些商品回去。

免费体验服务案例

正是通过这些贴心的服务，我的朋友积累了很多忠实的顾客，随着常来常往，她们成为朋友。

同样，微商团队也可以借助免费的公开课招商。先借助公开课为准代理提供如何做微商、代理成长方法等急需的干货，等时机成熟后再开始成交，效果会更好。

4

第4章 玩转售中服务让业绩极速倍增

售中服务是微商在产品销售过程中直接或间接为客户提供的各项服务。接待服务是售中服务的核心。服务者在接待客户时，可通过主动、热情、耐心周到的服务，把客户的潜在需求变为现实需求，达到产品销售的目的。可以说，在产品销售过程中，接待服务对销售成败具有决定性的作用。服务者提供的服务质量的高低，直接关系品牌声誉的好坏，因此，微商应规范接待服务。

4.1 如何为客户做好产品示范

单纯的产品介绍不会给客户留下深刻的印象，客户也不一定会相信微商的一面之词，此时产品示范就显得非常有用和有效。把产品摆在客户面前，通过产品的介绍和渲染达到成功销售的目的。好的销售离不开成功的产品示范。

产品示范分为线下和线上两种，我们先说明如何做好线下产品示范。

4.1.1 为示范做铺垫

线下产品示范可以在工作室、体验店做，也可以上门到客户家里做。

我们以在客户家里做产品示范来阐述做产品示范要注意的事项。

如果我们是卖日化用品的，当我们到客户家里时，先要引起客户的兴趣，营造气氛以赢得产品展示的机会。例如，可以从自己平时生活中遇到的难题讲起，再引出我们的产品是如何帮助自己解决这些难题的；也可以从拉家常谈起，比如怎样清理厨房的卫生才能又快又省事，这样就能自然过渡到清洁用品的使用上。

到了客户家里，只要我们留心，就会发现很多问题：如客户常用的日用品、化妆品以及卫生用品等，还有厨房脏不脏、厕所有没有臭味等。当我们发现客户的厨房比较脏时，可以介绍我们的清洁剂，在简单介绍后，我们开始展示产品，可以马上走到厨房的抽油烟机旁边，给客户做个示范。展示的步骤一定要准确、清楚，边做边向客户讲解产品的特性、优点、使用方法，以激发顾客的购买意愿。

一旦激发起客户的购买意愿，就要趁热打铁，拿出《产品价目表》供她参考。但需要注意的是，我们最好不要直说“您要不要买”，可以说：“女士，这个产品需要我帮您解释一番吗？”

我大学时代理过某美国大品牌的直销产品，当初拓客常用的方法除了线下沙龙，就是做产品示范。根据我的经验，对线下产品进行示范要对产品有足够的认知。

微商伙伴必须做好线下产品示范，因为可以借助它来链接资源，提升客户的黏性。

4.1.2　产品展示技巧

1. 陈述的技巧

成功激发客户的兴趣并挖掘出客户的需求后，下一步就是让客户了解我们的产品和服务。产品展示是传达产品或服务价值的最好时机，可以让客户进一步参与。

产品展示中必不可少的是陈述，在陈述中要注意的技巧及相关问题如下：

（1）牢记陈述的基本目的和目标，随时考虑客户的需求和期望，突出产品的卖点，这样才能获得客户的认可。另外，最好给陈述内容写一个提纲。特别是内容较多时，提纲还可以起到提示的作用，客户也可以通过提纲对陈述的内容有清晰的思路，从而加深印象和理解。

此外，不管遇到什么问题，在回答前重复一遍，这样既可以避免答非所问，也可以对问题进行“微调”或“引申”。

（2）多举例。要让客户记住尽量多的内容，并尽量理解新内容，举例说明是必不可少的。其中，类比是一个非常有效的方法。如用交通比喻网络、用仓库比喻数据库，都是非常形象和有力的。

（3）整个陈述活动中的双向交流十分重要。我们在交谈中与客户保持恰当的目光接触，可以聊聊客户的业务，尽量引起客户的关注，增加客户的兴趣，促进双向交流。

2. 渲染产品卖点的技巧

在陈述的过程中要突出产品的卖点，并将产品的卖点与客户的利益结合起来。对客户来说，他关注的是使用我们的产品能给他带来什么好处，否则市场上产品这么多，客户凭什么买我们的产品？所以，卖点必须具备三大特征：

（1）卖点要引起目标消费群的关注，否则说了半天也是白说。如今是注意力经济时代，抓住人们的眼球很重要。比如，微商都说自己的洗发水无毒无害，你说我说大家都说，关注度自然就下降了。如果这时突然有人站出来喝洗发水，当别人都在说时你却在做，关注度自然会立马上升。当然这只是说要想出一些新奇有效的办法引起客户的关注，并不是真去喝。

（2）卖点必须与客户的利益点结合。产品是满足客户某种需求的工具，大多产品的卖点，尤其是大的卖点都不得不锁定在产品所提供的核心利益上。卖点一定是客户的核心利益，只要能够和核心利益建立关系，就可以成为卖点。我们的产品有很多优点，但每个人对产品的功能要求可能不一样，有的对价格敏感，有的对产品的性能或质量敏感。因此，在讲解时，最好将产品卖点与客户最关心的需求联系在一起，从而抓住客户的心。

（3）卖点可以通过多手段来传播。例如，将卖点编成歌词、文字游戏等，这样既生动，又容易让客户记住。

我们产品的卖点中所体现出的竞争优势必须是实实在在存在的，否则，不可能长久。

4.1.3 线上产品示范

因为本地化微商还在发展中，很多微商主要还是服务线上的客户，大多数时候不能和客户见面，为其当面做产品示范。此时可以通过线上进行产品示范。

线上产品示范的 2 种形式

1. 图文形式

我们可以用图文的形式展示产品使用的流程，并将图文资料发给客户。图文资料可以是 word、PDF 文档，也可以是微信公众号的链接。考虑很多客户可能会忘记保存文档，到期后微信会自动删除这些文档，客户想看时打不开资料，但又不好意思再向我们要，我们可将产品资料发布在微信公众号中，将文章链接直接发给客户。这样客户只要打开链接就可以看到相关产品资料，不用再担心链接会过期，而且客户转发给他的朋友时也方便。

2. 视频形式

我们也可以将产品示范的过程拍成视频发给客户。产品示范建议由我们本人亲自演示，这样可以让客户觉得我们很用心、很专业，能更好地塑造我们的专家形象，提升客户对我们的好感，为接下来的成交做好铺垫。此时又主要分为 3 种情况。

- 视频可以上传到优酷、爱奇艺、腾讯视频等视频网站，然后将链接发给客户，客户只需点击即可观看。
- 将视频上传到微信公众号，发微信公众号文章给客户观看。
- 将产品示范拍成短视频，发布在朋友圈。因为朋友圈目前仅能发布 10 秒短视频，因此拍视频时要将核心部分展示出来。

4.2　玩转极致服务，让好口碑被客户疯传

4.2.1　什么是极致服务

极致服务是指为客户始终如一地提供超出客户预期的服务，以留住客户的心，进而提高微商和微商品牌的竞争力。简单来说，就是微商通过一系列举措令客户感觉到备受关注和意外。

极致服务具有性价比高、可迅速占领客户心智、让客户成为我们的代言人、疯传我们的口碑、成为我们的铁粉、可复制给代理等优势。

现在很多微商还不重视售后服务，更不要说提供极致的售后服务，这时候我们就可以通过为客户提供极致的售后服务，赢得客户的好感和口碑，以和其他人产生差异，形成竞争壁垒。

极致服务要求微商能够用心为客户提供服务，做其他微商还未做的服务，提供其他微商还未提供的体验。

4.2.2 如何做好极致服务

为了提供极致服务，你要问自己 3 个问题：

问题一：如果客户要购买我的产品，但通过和客户的一番对话后发现这款产品并不适合他，此时我会如实地告诉客户，让这单生意白白流失吗？

问题二：如果客户要购买我的产品，但通过了解发现这款产品并不适合他，但竞争对手有一款产品很适合他，此时我会告知客户去竞争对手那里购买吗？

问题三：如果客户要购买我的产品，但我已经获悉这款产品下周就会降价，此时我会建议客户下周来买吗？

如果你选择的答案是：会。那么恭喜你，你正在为客户提供极致服务，你将获得意想不到的回报。

也许很多人会认为如实告知客户会造成自己的损失，但其实不然。也许本次你有一些损失，但却通过这些小的“舍”赢得了客户的信任，获得了极好的口碑。后期客户有需要必然还会购买你的产品，并帮你持续转介绍，甚至成为你的代理，为你创造更大的价值。

除了上述内容，解除客户支付疑虑也是一种极致服务。

通过微店、淘宝店或微商服务平台进行交易，会给客户更大的安全感，若是能提供货到付款那就可以最大化消除客户的疑虑。

提供解除客户支付疑虑的工具时，要主动告诉客户。因为电商的支付方式客户在其进入店铺主页时就会看到，不需要告知，而微商没有这方面的提示。如果你不主动告知，很多客户无法获悉，只能自己猜测，这会流失很多客户。因此我们要主动告知客户我们的支付保障体系，让客户提前获悉这一切，并尽早解除支付顾虑。

极致服务让我们拥有更大的格局、更高的眼界，获得更长久的收获。

4.3　包裹服务营销，让客户彻底被你俘虏

随着移动互联网的发展，我们足不出户便可以购买到心仪的产品。随着微商行业的发展，我们既可以任性地买买买，同时又可以接触很多正能量，让我们变得更强大。此时，是什么连接着消费者和微商卖家呢？是用心服务，包裹营销便是用心服务的体现之一。

4.3.1　赠送一份由衷的祝福

作为微商的你，除了把产品包装得美美的，有没有在包裹中放上一份自己对客户由衷的祝福？

下图是一张特别定制的卡片，上面可以写上我们对客户真诚的祝福，如“未来很美，一起加油！”在科技发达的时代，手写的卡片会别有一番韵味。

移动互联网时代，二维码为王。在一个简单的开箱器上印上自己的微信二维码，方便客户划开严实的包裹的同时也为自己引流，便捷而又实用。

精致的二维码

明信片流行的那个年代我们是回不去了，但我们可以引导客户，让客户收到明信片后，在上面写上自己的梦想，甚至可以将梦想放大。

爱学习的人出门必备笔和本子。当你的客户每次拿出你送的精巧笔袋开始学习时，你在客户心中又加分了。

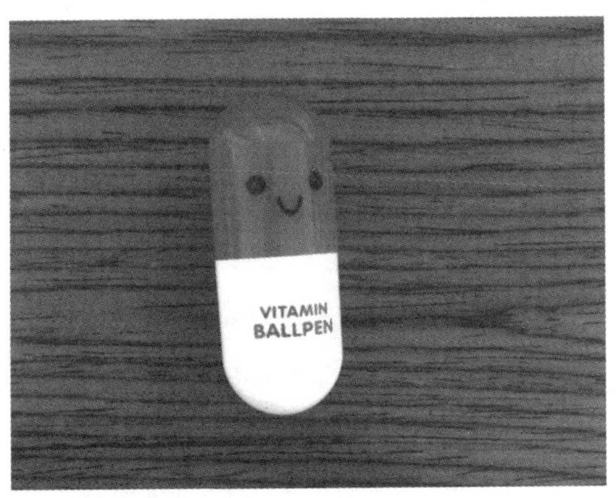

精致的笔袋

微商的客户以女性为主，而女性中有 80% 的人偏向于感性。我们理性成交后，用感性维护。我们可以送女性客户一份市场上买不到的、独一无二的礼品。

所有的心意打包起来构成我们对客户满满的祝福，我想谁都会爱上这样用心做出的礼品。我们可以用最好的方式温暖客户，拉近彼此的距离，

真正做一个有温度的微商。

友情提醒：

- **手写卡片**：可在卡片上写上感谢的话、祝福词等。卡片可以在淘宝、阿里巴巴上选购，很便宜。量少的话手写就行，量大可以请卖家帮你把想说的话用手写体印上去，发货时将客户的名字和你自己的名字手写上去即可。这个不为别的，就是要让我们的客户感到我们的用心。
- **赠送礼物**：这个小礼物一般是与我们产品相关的，比如，你卖的是减肥产品，可送精致的体重秤；你是做护肤品的，可以把关联产品的试用装放进去，或者送个化妆包。这些很多也是在淘宝、阿里巴巴上找的，且都不会很贵。

4.3.2 表达一份美好的情怀

我们的包裹发出去了就完事了吗？当然不是。我们要想办法让客户的体验达到极致。

快递单号出来后我们要第一时间把单号发给客户，然后附上一句话：主人主人，您的小箱子已经载着 ×××，快马加鞭地朝着您的所在地狂奔而去了。快递单号：×××。主人耐心等待哦！

此时又分两种情况：

（1）如果是同城，我们第二天一大早就要查快递记录，然后再发一条私信：主人主人，您的 ××× 已经到达所在地了，您记得查收哟，有什么问题随时私信俺。俺随时伺候您！

（2）如果是外省的，一般第三天可以到达，我们要时时刻刻跟踪客户的快递信息。

当客户收到包裹的时候，我们要主动和客户沟通。

要想把服务做到极致，需要注意以下事项：

- 提醒客户，用包裹外层的开箱器划开包裹，拿出满心期待的产品和带着祝福的小礼品。
- 提醒客户打开礼品袋，拿出明信片，写上一个梦想。
- 记下客户的信息，用微信或文档备注，为以后的回访做好铺垫。因为我们不是做一锤子买卖。
- 真诚对待每个客户，专注维护好客户，专心做好客户体验，让客户有晒朋友圈的资本，这样可以提升复购率和转介绍率。
- 可以为客户准备一段温馨的对产品的介绍，比如：小主，××× 虽然没有玫瑰那么浪漫，没有百合那么纯洁，但有着属于它的呆萌魅力，而且它绽放的不仅是纯洁，还有对梦想、对生活的热爱，所以希望小主因为拥有 ××× 而更加美丽、幸福。
- 可以准备一份关于产品的电子版知识，或许是一份延伸出来的价值。无论是哪种方式，重点是要让客户有一种参与感的同时还有一份归属感。

4.3.3　收获一份由衷的赞美

作为微商，我们要懂得赞美，赞美客户的同时收获的将是客户的赞美和感激。

人如果经常被赞美，其心情会变得愉悦。赞美是人类沟通的润滑剂，也是有效获得客户真心的必要技能。对微商来说，如果能运用好该技能，会产生意想不到的效果。

当客户收到我们精心准备的包裹后会是一种怎样的心情呢？感动？惊喜？激动？淡定？我想更多是一种温暖。一份简单的包裹，一份美好的情怀，拉近了我们与客户的距离。客户感动的是我们能站在他的角度思考问题，惊喜的是我们为他准备的那些实用的小礼物。

下面是客户收到快递后的感受。

通过这一组照片可知，客户除了喜欢，更多的是感动，收到包裹后第一时间拍照分享。此时我们需要备注好客户的信息，做好标签：××月××日购买，××月××日复购。客户的生日信息整理到文档中的同时还需要备注在微信中，以方便查找。边整理信息边为客户提供最大的价值：推荐适合学习的 APP、量身打造的方案，把产品和服务结合起来，做到极致。

4.3.4 分享并不断复制下去

成功的人都懂得复制自己的时间，想做好微商也是同理。我们在服务好客户的同时也要服务好我们的团队伙伴。一把筷子掰不断，众人拾柴火焰高。要想带好团队，我们需要将自己实践后的成功方法分享给团队伙伴。

在分享给团队伙伴之前，我们可以调查团队伙伴是如何包装产品的，是用什么方式做售前、售中、售后服务的，最终目的是要维护好老客户和开发新客户。

4.4 超值赠品服务，提高产品竞争力

电商产品同质化现象很明显，为了增强竞争力，很多电商销售时开始

尝试搭配赠品。电商的这一做法，微商伙伴也可以借鉴，我们可以通过赠品策略促进客户购买，提升产品的竞争力。此外，地推时也可以采用赠品策略。

超值赠品服务

4.4.1　赠品的设计

赠品的设计在赠品策略中占有重要地位。好的赠品其设计要满足以下几点：

1. 有价值

赠品要有价值，没有价值的赠品，即使免费赠送，也未必有人要。在销售中，微商除了要塑造产品的价值，还要学会塑造赠品的价值，让我们的赠品在客户心中物超所值，让客户觉得我们很大方，占到了大便宜。

我们在配送赠品前，要让客户知道我们赠品原来的价钱，让客户对赠品有个预先的了解和认识。这样收到赠品时客户才会觉得物超所值。

2. 有需要

赠品是客户需要的，对他才会有价值有帮助。一款赠品再好，如果对客户来说没有用，那你的赠品选择就失败了。

比如，同样一本专业书，对想学这个专业的人很有价值，但对不学这个专业的人来说就没什么价值。你赠送一款减肥产品给瘦子，既浪费产品，又达不到预期的效果。

3. 相关联

赠品是为了促进产品的销售。因此设计赠品时，赠品要与我们的主打产品有关联，最好是两者搭配使用，这样可以产生更好的效果，比如，买化妆品送卸妆液、买咖啡送咖啡伴侣等。

4. 性价比高

好的赠品不在于价格高，而在于使用价值高。用低成本让客户觉得物超所值才是最佳的赠品。比如，如果你是做大健康产品的，你可以在客户购买产品后赠送几节免费的健康课程；你是卖化妆品的，可以赠送客户一套教授化妆秘诀的教程。这些属于信息赠品，成本不高，但对客户来说价值很大，甚至比一般实物赠品更会令用户满意。

4.4.2　赠送的策略

赠送产品时主要采取以下几种措施。

1. 买 A 赠 A

对于一些成本很高的主营产品，如果能拆分成多个小单品，可以把小单品当作赠品。

搞促销时，很多商家会选择降价销售，但效果不佳。降价，会让客户觉得你的产品质量有问题，或者本身就不值这个钱。这时候我们采取买 A 赠 A 策略，会让客户觉得占了便宜，很划算，但对微商来说和降价花的成本其实是一样的，效果却完全不一样。

例如，面膜这种产品，一般一盒产品里面含有多片面膜，如果单盒面膜的成本很高，我们可以赠送拆分后的单片或几片面膜，从而减小成本压力。

再如，同样的护肤品，我们可以买 500ml 装赠送 100ml 装。

2. 买 A 赠 B

客户购买 A 产品，赠送他一款 B 产品。这也是目前商家常用的赠品策略。但买 A 赠 B 时，B 产品一定要和 A 产品有关联，就是 B 产品和 A 产品之间可以互补，或者能让 A 产品产生更好的使用效果。

赠品可以是实物，也可以是虚拟产品。

3. 试用装赠送

很多微商品牌在包装产品时，会单独设计另一种相关产品的试用装，旨在让客户在购物前体验效果。试用装产品的容量一般会比正规装产品小很多，采购价格也会低很多。试用装一来成本低，二来可以让客户免费体验其他产品。但你需要跟进客户的使用情况，避免客户不使用，浪费了试用装。

4. 合作赠送

微商也可以和其他商家合作，将彼此的产品作为赠品赠送给对方的客户，在帮对方服务客户的同时又能为自己引流，实现互惠共赢。

比如，客户购买健康产品可以赠送某健康培训机构的课程或健康体验卡；买减肥产品可以赠送某健身馆的会员卡。

具体的赠送方案双方可以协商后决定。赠品可以免费赠送，也可以打折赠送，或以优惠券的形式赠送。

5. 服务赠品

赠品不一定非要是实物产品，也可以是产品衍生的相关服务。这一类赠品，适合地推或线下体验店。

客户通过现场体验产品及相关服务，可以更快更好地体验产品的效果及服务的质量，进而提升其满意度。

例如，客户是美妆消费人群，我们可以免费给客户化彩妆、卸妆或进行肌肤护理；客户是减肥人群，可以免费帮他检测体脂，并为其量身定制个性化的减肥方案。

4.4.3 赠送的条件

目前市面上的赠品以免费的为主，但有时候适当增加客户获得赠品的成本，客户会更珍惜。

1. 加钱赠送

这是目前很多传统商家、电商常用的赠品策略。

客户想领取赠品，需要补上一定的费用，如买化妆品加 2 元获赠一盒面膜。

加钱赠送时，客户加的钱不能太高，否则促销活动将失去吸引力。

2. 做事赠送

要求客户在领取赠品之前先按照商家的要求做一件事。

比如，客户要领取免费面膜，要先转发一条商家提供的信息到朋友圈。这样商家用低成本的赠品让客户为自己的商品做了宣传。

当然，人都怕麻烦，也喜欢算计，如果我们让客户做的事情很多，却只赠送让客户觉得价值不高的商品，那这次赠送活动效果将大打折扣。所以我们在让客户做事时，尽量让客户做些轻松、低难度的事情，而且最好只做一件。

4.4.4 促销的策略

销售时，我们可以为赠送活动搭配一些促销策略，这样活动效果会更好。

1. 超值赠送 + 限时限量

客户在规定时间内购买限定数量的产品，赠送超值赠品。限时限量会让客户产生紧迫感和稀缺感，将大大提升客户购买速度。

2. 超值赠送 + 无忧承诺

当客户购买产品后，如果达不到我们承诺的效果，产品可以退，赠品无须退还。

我们在商场购物时，经常会遇到一些商家搞促销时为人诟病，因为其商品和赠品质量欠佳，买了这些商品后，因为是促销商品，商家不接受退换货。这会让我们对商家的促销活动充满顾虑，迟迟不肯下单。

做微商要敢于对客户进行无忧承诺，一来可以促进客户购买，二来可以逼自己提升竞争力。

3. 超值赠送 + 免费体验 + 无忧承诺

购买产品时赠送超值赠品，并送免费试用装，如产品达不到预期效果，我们将无条件退款，且赠品无须退还。

这种方案适合新产品推广阶段，通过超值赠品刺激用户，通过免费体验可让用户提前体验产品，坚定其购买信心；通过无忧承诺打消用户的后顾之忧。

4. 超值赠送 + 限时限量 + 无忧承诺

客户在规定时间内购买限定数量的产品，我们将赠送超值赠品。如产品达不到预期效果，我们将无条件退款，且赠品无须退还。

这种方案适合短期促销产品。

5

第5章

玩转售后服务让客户源源不断

维系一个老客户比得到一个新客户付出的代价小得多。很多微商醉心于追逐那种“追到新客户的兴奋”，而不愿意在已有的客户群身上花费更多的时间。殊不知，这样做是“捡了芝麻丢了西瓜”。要知道当前的客户是今后生意的最好保障。维系好现有的客户，不仅能扩大当前的生意额，也能有效拓展新客户、新生意，达到事半功倍的效果。

维系和发展人际关系要付出相应的努力。我们不可能仅依靠产品来保持客户的忠诚度。如今，能与我们的产品竞争的同类产品实在太多了，如果想在竞争中立于不败之地，就要为我们的客户提供优质的售后服务。

5.1 玩转售后服务六步曲

很多微商伙伴做完售前和售中服务，客户下单后，就不再重视接下来的服务了，认为售后服务不重要，可有可无。其实不然。售后服务是服务营销中不可或缺的环节，其重要性不容小觑。做好售后服务将会帮我们提升客户满意度，提升客户黏性，促进复购和客户转介绍。因此，做微商一定要重视售后服务。

具体而言，微商要想做好售后服务，需要从以下六大核心环节着手。

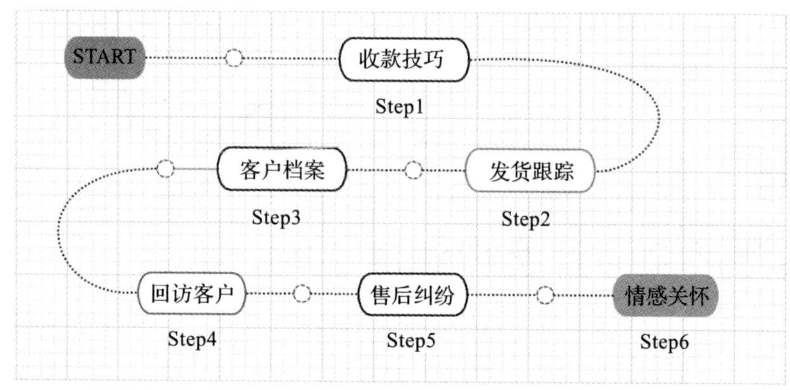

售后服务六步曲

5.1.1 收款技巧

考虑到现在很多微商还是以微信转账为主，因此本书将提升客户转账后的安全感也纳入到售后服务的范畴。

当客户打款的时候，我们的售后服务就真正开始了。很多伙伴可能不太认同，觉得客户打完款了，我们把货发给他就行了，销售至此就结束了。其实客户打款是我们下一轮销售的开始，要想保证下一轮销售顺利完成，售后服务必须跟上。

1. 暂缓收款

当客户用微信转账时，有多少伙伴看到客户转账的提示后，就直接点击收款了呢？你是不是看到转账提示后，就舒了一口气，同时心中一阵狂喜：磨了半天嘴皮，总算搞定了。然后瞬间确认收款。很多伙伴刚开始做微商时，都是这样，当客户给他转账之后，会立即点接收。

此时，建议克制下自己点击收款的冲动，暂缓收钱，要先对客户表示感谢，比如，“谢谢亲的信任，我相信你使用这款产品后会有很好的效果。请把你的收件地址、收件人和电话发给我，我今天就给你安排发货”。然后，你和他寒暄几句，再点确认收款。也就是先开启你的售后服务之旅，再收款。这样会增加客户的安全感，以及对你的信任。我现在经常会向微商买商品，很多时候，在我转账后如果对方马上收款，那我的第一感觉就是，他产品不好，至少他对自己的产品信心不足。更有甚者会感觉，他那么着急收钱，是不是在骗我啊？会不会不给我发货啊？

因此，客户给我们转账时，我们要暂缓收钱。

2. 发个红包

在收款后，我们要发一个小红包用于感谢客户的信任，这样可以进一步提升客户的好感。

这个小红包不建议太大，一般为 1.88 元、1.68 元 ，意思一下即可。不要超过 2 元，你发了 5 元、8 元的较大金额，会让客户怀疑我们从这个订单中赚了很多钱。

5.1.2　发货跟踪

一个好的微商一定要在发货后注重发货跟踪环节，这将是建立我们在客户心中的好印象、提升客户黏性和口碑、提升转介绍率的重要一环，微商伙伴一定要重视。

发货跟踪要重点做好三件事：

1. 及时打包产品

客户下单后，我们要及时对产品进行打包处理。我们要将打包产品的整个过程拍摄下来发给客户，可以拍成照片，也可以拍成视频。但我觉得视频效果会更好，因为视频可以完整记录我们用心打包产品的过程，而照片只能呈现碎片化的画面，无法完整呈现整个过程和细节。

拍摄时要重点展示两个部分：

（1）**产品完整无缺**。我们要将产品及标签完整无损、无污染的细节详细展示给客户看，这也是客户最为关心的。

（2）**打包产品时用的材料**。我们要将打包产品时用的纸盒、缓冲物详细展示给客户，通过细节服务让你在客户心中加分。千万别以为细节不重要，有时候细节决定成败。

将打包产品的详细过程拍摄下来的好处有：

（1）**可以避免售后纠纷**。考虑到产品运输过程中产品难免会因碰撞遭到部分损坏，如果产品损害严重，客户因为事前已经看过你拍摄的打包视频，即使心有不满，也不会把责任归咎到你身上。此外，因为责任不在你，你可以通过致歉，进一步减轻客户的不满情绪。有的客户觉得本来不是你的责任，你还向他道歉，他会觉得你这个人不错，加深对你的好感。

（2）**让客户感受到你的用心服务**。通过拍摄打包产品的视频，你可以让客户感受到你对细节和售后服务的重视，而不会让客户觉得你达成交易后就不再注重服务，不再关心客户了，这样可以为你加很多分。

（3）**相关素材可以用来发朋友圈**。你可以拍摄打包产品过程并作为素材发布到朋友圈，作为服务见证，让更多微友看到你用心服务的一面，这必然会加深微友对你的好感，吸引更多微友找你买产品。

最后补充一点，上述打包产品的素材不仅可以用于针对客户的售后服务，还可以用于代理商。因为很多大的团队长和品牌方，需要给自己的代理商和团队长发货，发货时也要注意细节。千万别认为代理商、团队长都是自己人，所以可以不注重服务的细节。其实越是自己人，我们越要注重细节。因为作为团队伙伴，代理商和团队长为我们做出了很大的贡献，我们要让他们感受到更多的温度和关怀。而且上行下效，代理商和团队长会模仿我们的言行。如果我们为他们提供更多有温度、有人文关怀、注重细节的服务，我相信这必然会提升他们的忠诚度和感恩心，而他们也必然会将这些服务记在心中，传递给自己的代理商和客户。

2. 及时告知客户、代理物流信息

产品发货后，我们要第一时间将物流信息告知客户或代理商。建议先发送一段模板消息，再将快递单拍成照片或视频发送给客户或代理商。

下面分两种情况介绍发快递后告知客户的信息的参考模板：

（1）无微网站或微商城的消息参考模板：

亲，您的产品已经打包好发货了。为了让您放心，我们将打包发货的过程拍摄了下来。

您的产品将由 ×× 快递派送，快递单号：×××××××××。

产品的物流信息及动态可以在快递官网网站查询（www.×××.com），您在打开网站后，将快递单号输入查询框，点击查询按钮即可。

在收到包裹后，您一定要及时检查产品是否有破损，如果有破损请及时告知我，我将对您负责到底哦。

（2）有微网站或微商城的消息参考模板：

亲，您的产品已经打包好发货了。为了让您放心，我们将打包发货的过程拍摄了下来。

您的产品将由 ×× 快递派送，快递单号：×××××××××。

物流信息及动态可以在微店后台查看，如果您不知道如何查看，我为您准备了操作演示，点击下面的公众号图文消息即可。

在收到包裹后，您一定要及时检查产品是否有破损，如果有破损请及时告知我，我将对您负责到底哦。

需要补充一点，我们在将快递单素材发送给客户或代理商时，要同步发送打包产品时拍摄的素材。

3. 持续跟踪产品物流动态

告知客户物流信息后，我们仍然需要持续跟踪产品物流动态。

当产品按时到达目的地后，我们要及时告知客户，让客户做好签收准备。

如果快递在正常时间内没有派送，我们应该主动向快递公司了解具体情况，弄清情况后我们要主动告知客户相关情况，并向其致歉。如果你不主动告知客户快递延迟的事实，很多客户自己会主动问，这样就会让我们陷入被动，影响客户对我们的印象。如果我们能主动告知客户，必然会给我们加分不少。

5.1.3 客户档案

知己知彼，百战不殆。对购买过产品的客户，我们要建立详细的客户档案。

1. 建立客户档案信息的意义

（1）**加深对客户的了解**。众所周知，要成交和维护好客户，建立客户对我们的信任感非常重要。其中沟通互动在建立信任的过程中起着极其重要的作用。如果我们想和客户进行持续高质量的沟通互动，就得加深对客户的了解，如果你有详细的客户档案信息，对客户的基本情况非常了解，那你和客户之间的沟通就变得有的放矢，将很容易。赢得客户对你的好感和信赖自然也是水到渠成的事。

（2）**提升群发消息的效果**。做微商，离不开群发。群发的内容包括产品信息，也包括节假日对客户的问候和祝福，甚至客户生日时对他的生日祝福。但现在存在的问题是，很多微商群发消息时是无差异化群发，让客户感觉不到你的用心。客户也许会想："群发的我不回。"

这时候怎么办？有人说如果一对一发信息，效率太低了。我们可以考虑将同姓的客户分为一组，然后群发时以"姓 + 尊称"的方式来称呼对方。如称呼其为"某同学""某老师"或"某总"，这样客户会觉得你是在和他一对一沟通，自然会增加对你的好感，回复你信息的可能性大大提升。这就需要一份详细的客户档案。

（3）**新品上市时，可以有针对性地推荐**。当你有了详细的客户信息后，上新品时，可以根据以往客户购买产品的喜好有针对性地推荐产品。

2. 客户档案信息

建立客户档案时，我们要确定档案中需要记录哪些信息，即需要有一个客户档案信息的参考模板。下面是一个客户档案的参考模板，大家可以借鉴一下。

客户档案模板	
基础信息	姓名、昵称、性别、生日、故乡、地址、籍贯、年龄、学历等
个性信息	母校、生肖、星座、身高、身材、喜好、性格、身体状况等
工作信息	工作单位、工作职位、工资收入、工作满意度等
城市背景	停留过的城市、旅游过的地点、喜欢的城市、想去旅游的地点等
联系方式	手机号、微信号、QQ 号、邮箱等
家庭情况	配偶信息、孩子信息、父母信息、结婚纪念日等
购物情况	痛点、产品信息、购物日期、购物次数、购物金额、售后服务等
微信通讯录中备注客户信息	将客户按照购买产品次数分别标注，如 V1 代表购买一次，V2 代表购买两次，以此类推
微信通讯录中分组标签	将客户按照喜好新建分组标签，如包包组、手表组、服装组、鞋组，以此类推；按照购买时间再进一步建立相关分组，如 1 月购买、2 月购买，以此类推

5.1.4　回访客户

客户向我们购买产品，他买的其实不是产品本身，而是一套解决方案、产品带给他的结果。当他收到产品后，产品解决方案和带给他的结果这一环节还没有完成，需要我们及时跟进，继续将余下的环节完成。

1. 回访客户的意义

回访客户的具体意义有：

（1）**可以第一时间了解客户使用产品的情况。**很多客户对产品不熟悉，并不知道产品具体使用方法、使用细节、使用后会产生的具体效果，这时候就需要我们通过回访第一时间了解相关情况，并根据其需求提供相应的服务。我们目前所做的一切其实都是为了提升服务质量。

（2）**可以提升客户满意度**。通过回访，我们可以让客户觉得我们的服务很周到、贴心、到位、超乎预期，这能明显提升客户的满意度。此外，如果客户在使用中遇到什么问题，如果我们能第一时间了解到并提出解决方案，我们可以以主动的服务精神赢得客户的绝佳印象。而且我们还可以将客户使用产品过程中遇到的问题搜集并反馈给上家及品牌方，有利于提升产品的质量，上级也会觉得我们是一个有责任心、有想法的代理，对我们的看法也会不一样。

（3）**可以作为发圈素材**。我们可以将客户使用产品后对产品的好评及相关细节作为客户见证，发布到朋友圈。一个好的真实的客户见证必然会帮我们在微友心中建立口碑，会进一步吸引更多微友成为我们的客户。

2. 回访次数

回访客户次数不能太少，但也不能太多。太少容易让客户觉得你是走形式，也容易遗漏很多细节。太多会让客户反感。

回访客户以三次为佳：

- 第一次，在客户刚收到产品后；
- 第二次，在客户使用产品一段时间后；
- 第三次，在客户产品即将使用完时。

3. 回访的具体流程

（1）第一次回访客户：第一次回访客户非常重要，这为我们后续的回访开了头，做了铺垫。

回访细节：

- **产品使用**。当确认客户收到产品后，我们要帮助客户更好地了解产品，让客户清楚产品的具体使用方法、产品使用过程中的注意事项。微商是一个有温度的群体。我觉得，我们亲自解说产品使用流程会比客户自己看说明书更有温度、更让客户觉得贴心。我们可以用微信沟通，也可以将产品使用过程拍成视频，发给客户观看。具体拍摄方法可以参考很多淘宝商家的做法。我们到淘宝购物时会看到很多商家已经开始有意识地使用视频营销了，他们会将产品详细使用教程拍成视频挂在网上，你点开视频就可以看到详细使用流程和注意事项，非常方便、直观。

- **告知叮嘱**。在回访客户时，我们要记得叮嘱客户："在使用产品的过程中，如果有任何不懂的问题，遇到什么问题，要及时联系我们，我们将竭诚为您服务。"这句话可以体现我们的专业性，是进行售后服务时必须告知客户的专业术语。同时也让客户觉得我们很负责任、很主动。因为客户遇到问题肯定会联系我们，如果是我们主动让对方联系我们的，那我们就可以化被动为主动，客户必然会给我们加分。

（2）第二次回访客户：第二次回访其实可以作为一种互动，让客户感觉到我们很用心，并没有因为他们买完产品了就不再关注他们了。此外，还可以促进客户复购、转介绍。

第二次回访时重点要做的工作：

- **询问产品使用效果**。当客户使用产品一段时间后，我们可以继续跟进客户产品使用情况。回访时间根据产品见效时间来定。
- **询问产品使用满意度**。我们要及时了解客户使用产品后对效果的满意度。如果客户对产品效果不是很满意，我们要及时了解具体细节，这样方便我们有针对性地为客户提出新的解决方案。

（3）第三次回访客户：当客户产品即将使用完时，我们要进行第三次回访。

- **询问使用后的总体效果**。这一步和第二步有些相似，但又有所不同。因为第三次回访客户时，客户产品快用完了，已经可以感受到使用产品后带来的结果和效果。这时候我们再用第二步的方法向客户了解详细效果和使用感受，目的不再是确认效果，以调整使用方法，而是让客户留下见证以便进行传播。

- **询问客户是否继续购买**。如果客户不想继续购买，我们要了解具体原因。如果是客户觉得产品已经解决了自己的问题，那我们要祝福客户，并将相关素材作为客户见证发到朋友圈。如果是客户觉得产品不好，那我们要详细了解客户的使用感受，并将相关素材反馈给上家或品牌方。如果是我们的服务不到位，我们要向客户致歉，并及时改善服务，减少客户的不满。如果方法得当，我们还是有机会将不利转化为有利的。
- **引导客户帮忙转介绍**。如果客户对产品和我们的服务比较满意，这时候我们可以引导客户帮我们转介绍新客户。很多微商不好意思让客户帮忙转介绍，而且认为客户真心觉得产品和服务不错，自然会帮我们转介绍，没必要进行引导。其实不然。首先，做微商就得有随时成交的意识；其次，很多客户其实没有转介绍的意识，需要人引导才会做出相应举动。

在回访过程中，我们一定要记得问客户以下几个问题：

客户回访调查表

问题一	您为什么购买我的产品？
问题二	您为什么会选择在我这里购买？
问题三	在销售过程中，我有哪些需要改进的地方？
问题四	在售后服务中，我有哪些需要改进的地方？

为了提升客户调查表完成率，建议微商用电子问卷的形式进行本次反馈调查。电子问卷可以直接发链接给客户，客户点击就可以在线填调查问卷。可以使用金数据、问卷网这些专业问卷工具。

有时候为了提升客户的配合度和完成度，我们可以准备一些超值赠品。

5.1.5 售后纠纷

售后服务最理想的结果是客户对我们的产品和服务都很满意。但人无完人物无完物，这个世界上不存在十全十美的产品和服务，肯定会有客户对我们的产品和服务不满意。因此，我们一定要提前预料可能存在售后纠纷，并建好完善的处理售后纠纷的处理预案。这样我们可以做到未雨绸缪。当售后纠纷真的到来时，我们才能从容应对。

售后纠纷的处理预案分两部分：

1. 处理售后纠纷的心法

（1）**认真倾听**。当客户对我们的产品和服务产生抱怨时，我们不能一味地辩解和搪塞。有抱怨很正常，说明我们的产品和服务还有改进的地方。这时候我们要认真倾听客户抱怨的内容，甚至鼓励客户尽情发泄心中的不满。也许确实是产品质量、产品使用效果让客户不满意，或许我们的服务没有跟上，也有可能是客户心情不好，恰好发泄到我们身上了。通过认真倾听，一来可以帮助客户缓解不满情绪；二来可以弄清楚抱怨的具体原因，做好应对之策。

（2）**保持耐心**。在处理客户抱怨的过程中，不要轻易打断客户的叙述，也不要觉得客户是无理取闹，而是要耐心倾听客户的抱怨，鼓励客户倾诉下去，让他们尽情宣泄心中的不满。如果我们能耐心听完客户的倾诉与抱怨，当他们获得发泄后，就能比较自然地听进我们解释和道歉。

（3）**态度要好**。客户有抱怨，表明客户对我们的产品或服务不满意，他觉得是我们亏待了他。此时，如果我们在处理过程中态度不友好，会恶化与客户之间的关系。反之，如果我们态度诚恳，礼貌热情，会降低客户的抵融情绪。俗话说：“怒者不打笑脸人”，态度谦和友好，会促使客户平和心绪，理智地与服务人员协商解决问题。

（4）**真诚道歉**。在认真倾听完客户抱怨，弄清楚抱怨原因后，我们要真诚向客户致歉。千万不要和客户发脾气，否则你前面的服务和努力可能就白费了，得不偿失。做微商，一定要学会做一个高情商的微商，尤其面对客户。很多时候客户抱怨是一种情绪的宣泄，他们需要的可能只是我们的一个态度，当他抱怨完了，看我们认真倾听、真诚道歉，他可能就不追究了；有些客户甚至会觉得他自己有点小题大做，会过意不去，下次会多买些产品或多介绍点客户作为弥补。

（5）**动作要快**。加快处理抱怨的行动，一来可让客户感觉到被尊重，二来表示我们解决问题的诚意，三来可以及时防止客户的负面情绪对我们口碑造成更大的伤害，四来可以将损失减至最少。建议接到客户抱怨时，即向客户电话了解具体内容，想好处理方案后，最好当天给客户答复。即使当天因为特殊情况不能及时答复客户，我们也要及时告知客户，并赢得其谅解。

（6）**语言得体**。客户对产品或服务有抱怨，在发泄不满时有可能会言语过激，如果我们与之针锋相对，势必恶化彼此关系。因此在解释问题的过程中，我们注意措辞，话术要得体大方。不要说伤人自尊的话，尽量用婉转的语言与客户沟通，即使是客户存在不合理的地方，也不要过于冲动，否则只会让客户失望并很快离去。

（7）**多点补偿**。客户抱怨，大多数是因为使用产品后未达到预期，觉得利益受损。因此客户抱怨时，往往会希望得到补偿。这种补偿有可能是物质上的，如更换产品、退货或赠送礼品等；也可能是精神上的，如道歉等。在补偿时，在我们条件允许的情况下，应该尽量多一点补偿，有时是物质、精神补偿同时进行。

2. 解决方案

客户抱怨完后，我们要针对客户具体抱怨的问题提出针对性的解决方案。

（1）**抱怨产品**。如果客户是抱怨产品，那我们要弄清楚产品存在的问题，并做出相应处理。

- 产品破损：面对这样的问题，我们需要真诚致歉，并按照无忧承诺尽快帮客户进行退换货处理。
- 效果欠佳：如果是产品本身不能达到承诺的效果，我们需要按照无忧承诺尽快帮客户退换货。如果是客户自己使用不当造成的，可能是我们售后回访不到位引起的，这时候我们要向客户致歉，承认是自己售后服务不到位，忘了告知客户详细的产品使用方法及使用时的注意事项。有时候是我们已告知客户具体使用方法及注意事项，是客户自己没有按照我们的叮嘱使用，这时候我们要弄清原因，并及时纠正客户的使用方法。当然，我们要注意处理问题的方式方法，要用客户能接受的语气和方式指出客户执行过程中的问题所在。如果你用指责或让客户反感的语气、方式指出问题，客户为了自尊和面子，即使意识到问题出在自己身上，他也不会承认，下次会直接找服务态度好的微商买产品，总之最终都是我们的损失。

（2）**抱怨服务**。如果客户抱怨我们的服务质量，则要向客户详细了解具体是服务的哪个环节出现了问题，然后向客户真诚致歉，赢得客户的谅解，在后续服务中避免再犯类似错误。

客户愿意找我们抱怨，说明客户还没完全放弃我们，否则会直接不理我们了。我们遇到抱怨，要意识到这是改进服务的好时机，不断总结和完善服务流程、服务细节，才能为这个客户及其他客户提供更好的服务，提升客户满意度，为提升复购率和转介绍率做好准备。

5.1.6　情感关怀

我们和客户建立信赖感，是为了达成成交。情感关怀则是为了促进再次成交、提升转介绍率。

卖同类产品的微商很多，客户为什么向我们购买而不是向其他微商购买？肯定是因为我们的个人魅力和服务质量足够好，让客户觉得向我们购买产品可以获得更好的体验。因此，我们要做好情感关怀、贴心服务。

如何做好情感关怀？

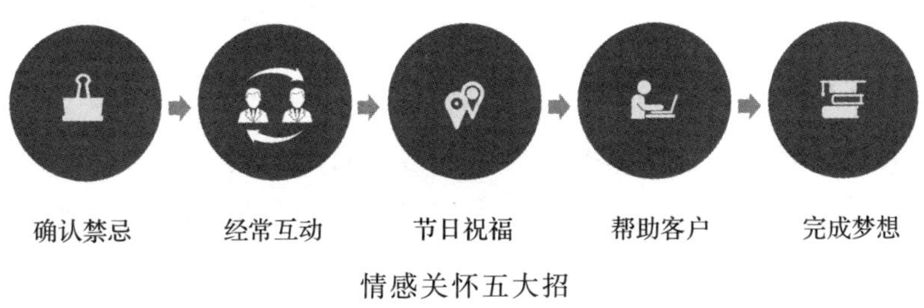

情感关怀五大招

1. 确认禁忌

第一招就是再次和客户确认其是否属于产品的禁用人群，若不是，则督促客户尽快使用，然后再次确认反应是否正常。

我们在成交前为客户咨询时，肯定确认过客户是否属于产品的禁忌人群，但如果客户收到包裹后，产品使用人发生变化，不是咨询者使用了，或者客户根本就不了解自己是否属于禁忌人群，之前为了买产品并未说明这一点，那么就有可能产生产品使用事故。故我们需要再次确认。

我就曾遇到过这样一件事：某微商代理的产品是产妇忌用的。一个客户咨询产品时，代理再三确认过使用者是男性；但当客户收到货后，客户正在哺乳的妻子因为也需要这个产品，就拿过去用了。结果，导致孩子连续吐奶，造成了恶劣影响，无论对微商还是对客户都产生了巨大损失。所以在售后环节一定要再次与客户确认是否使用者属于禁忌人群。

具体要做好如下工作：

- 在客户使用前，我们要再与客户讲解产品使用的具体步骤及注意事项。
- 如果是使用比较麻烦的产品，还要对客户进行一些培训。
- 在客户收到产品一周内，要主动回访客户 2～3 次，督促客户及时使用产品，并帮助他们解决使用过程中出现的问题。为什么要督促客户使用呢？客户如果不用，或者使用过程中遇到问题，我们产品的效果就表现出不来，有了问题也无法及时体现，这就会埋下隐患，就更不用说帮我们发朋友圈宣传、复购或者转介绍了。我们督促客户使用，其实是保证客户正常使用产品的一种手段。

2. 经常互动

对客户，我们要学会嘘寒问暖、经常互动。客户虽然已经购买了我们的产品，但我们仍然需要经常关怀、问候客户，与其互动，提升彼此之间的情感温度。比如，降温的时候，我们可以有针对性地发些让客户注意保暖的话。过节时，发些温馨的节日祝福……

我们互动、关怀的对象可以不局限于客户，还应转移到客户的孩子、爱人、父母身上，当然这需要我们懂得聊天话术。大家可以购买一些教聊天话术的书籍。

如何做好互动？

（1）**关注客户的朋友圈**。为什么要做这个？因为很多客户可能觉得，已经完成了交易，我们肯定不会再理会他们了，如果我们在售后环节还能经常在他们的朋友圈里评论，他们会觉得很惊喜。希望受人关注，是每个人的本能。我们间隔几天，就抽时间对客户的朋友圈进行评论，就会产生极致服务的效果。这里提醒读者朋友，不建议使用那些点赞软件，否则会给客户造成不好的印象。

（2）**要慎用 @ 和群发等沟通方式**。现在，很多做微商的小伙伴为了尽快完成销售，往往选择群发这种比较直接的沟通方式。我们的调查显示，这种方式很招客户反感，甚至会导致客户拉黑。直接 @ 客户也是如此。

（3）**区别对待**。客户的性格是不一样的，不是每个客户都喜欢我们频繁与他们交流。我们在与客户打过几次交道后，自己要总结这个客户是什么样类型的人。如果是很喜欢聊天的人，我们可以保持比较频繁的沟通；如果不是很喜欢沟通，我们可以换他们喜欢的其他方式与之联系。

（4）**善用微信群，增加客户的黏性**。我们可以按照重要性等级将客户拉到不同的微信群里，在群里给客户请一些老师，讲讲教育孩子、健康生活、家庭关系处理等一些内容；或者在群里带着大家一起来玩游戏。让客户觉得，他在我们这里消费后，不但得到很好的产品、很好的服务，还有更多超值的讲座和社群游戏，从而极大地增进客户与我们之间的感情。

其实，服务就是给客户一种尊贵感、被重视的感觉，客户对于产品的需求可能会变化，但他对于被人重视和尊重的需求是不会变的，这就是人性。我们通过周到的服务来满足客户，让他充分感到被人重视和尊重，就能让他离不开我们，把我们当成他们的亲人和朋友。

3. 节日祝福

这里的节日不是春节一类的大众节日，而是专属于客户的节日。每个人心中都有属于自己的重要节日，比如自己的生日、结婚纪念日、孩子的生日、家人的生日等。我们要在这些重要节日上专门献上我们的由衷祝福。

你可能会问，如何才能获悉客户的生日、结婚纪念日等重要资料？其实我在前面已经提到过，我们要建立一份详细的客户档案，这时候档案就派上用场了。

如何做好节日祝福？

（1）**献上节日礼物**。如果条件允许，你可以在这些重要节日上给客户或客户的家人寄送一份有温度的小礼品，这些礼物可以在淘宝、天猫等电商平台私人订制。礼物是否贵重无所谓，关键是要用心，让人能感受到你的诚意。

（2）**给客户发红包**。红包上标注节日祝福。红包不用很大，几角几元就行，最好是与节日日期相匹配的。当然，重要客户可以发几十元、上百元的红包。

友情提醒：

- 给客户发红包发多少钱或者寄什么档次的小礼品，是根据我们对这个客户的评估来定的；
- 产品不能太贵，否则会让客户觉得我们在他们身上赚了很多的利润。让客户感觉到我们用心就行。一般来说，我们可拿出在客户身上赚取的 5%～10% 的利润来给客户发红包，或者是买小礼物。有些伙伴可能不是很舍得，但请相信，只要你做了这一步，他们会给你几倍、几十倍的回报。我们要重视客户的长期价值。

4. 帮助客户

除了互动、关怀、问候，我们还可以在客户需要帮助的时候为客户提供我们力所能及的帮助，这能大大增强我们和客户的感情。此时，再难成交的客户，都会被我们的真诚和价值打动。毕竟，人心都是肉长的。

- 响应客户。客户发起相关活动或话题时，我们应积极参与，比如点赞收集、众筹等，我们可以在我们能力范围内为客户做一些贡献。
- 购买客户的产品。部分客户有自己的事业，我们也可以向客户购买他销售的产品，出于互惠心理，客户下次也会找我们购买产品。我有个做销售的朋友，他除了对自己的客户嘘寒问暖，当对方销售产品时，他也会第一时间购买，赢得了客户的强烈好感。后期客户向他购买了更多产品。他的回报远大于付出。

5. 完成梦想

帮助客户完成梦想其实也属于帮助客户的范畴，但考虑到梦想对客户的重要性，我单独将其列出来。

众所周知，梦想是我们奋斗的动力，是我们的希望，对我们每个人都非常重要。帮助客户的最高境界是帮助客户完成梦想，这个梦想可能是客户自己的，也可能是其孩子、爱人、父母的。当你了解到客户有相关的梦想要实现时，请在你力所能及的情况下帮助客户完成这一梦想。

帮客户一起完成梦想的好处有：

（1）将帮助你在客户心中建立绝佳的口碑，客户对你的忠诚度会非常高。

（2）客户会在自己的朋友圈中大力宣传你以及你的服务，这会为你带来更多客户。

（3）作为客户见证的素材。你可以将客户的感激和感动编辑成文案，加上图片，发布到朋友圈，让更多微友看到你的价值。当然，文案内容很重要，你不要让微友觉得你在炫耀，否则会适得其反。

当然，情感关怀的对象不能局限于客户，还包括我们的代理。我们要经常关怀代理，多和他们沟通，做一个有温度、有人文关怀的团队领导。有时候，代理对我们忠诚，愿意一直追随我们，不一定只是因为跟着我们能赚到钱，可能还因为从我们身上能感受到我们的责任心、温度、真诚、关怀。没有人愿意离开真心为自己好的朋友。

5.2 售后服务的工具与方法

做好售后服务并非易事，需要做好细节工作。借力工具和方法，我们的售后服务将变得事半功倍。

5.2.1 售后服务的工具

1. 系统

对微商来说，优质的系统是重中之重。

我就曾经看到过某传统大品牌进入微商领域，只因为系统犯了很多低级错误，导致微商项目失败，最终亏损近千万。

微商项目的系统需要具备的功能主要有：绑定客户和代理、订单跟踪、财务结算等。随着微商的发展，现在很多品牌的系统还增加了云库存及发货的功能，即兼有部分售后服务功能。这就为代理商提供了便利，不再需要代理囤大量货，品牌方可给下级代理和客户发货。

系统如此重要，自然需要品牌方和操盘团队上心，投入足够的金钱和精力创建一个完善的系统。他山之石可以攻玉。建议品牌方直接借鉴其他品牌的成熟系统，这样可以少花些冤枉钱，少走些弯路。

2. 感谢信

移动通信不那么发达时，我们经常借助纸质的信件来与他人沟通交流、互通信息。但随着移动通信的发展，写信变得越来越稀罕。这是否意味着写信就完全没有必要了？未必。对微商来说，给你的顾客、代理发货、送货的同时夹带一份感谢信，能给客户带去更多温度、更多感动，会提升客户满意度。

我现在给我的读者、社群伙伴寄书和物品时，会附带上一份感谢信（见下图），表达我对他们支持我事业的感谢。我会在感谢信中亲笔写上客户的姓名，并签上我的姓名。很多读者、社群伙伴收到我的快递看到感谢信时都会有点意外和惊喜。他们会将感谢信拍照发圈，并提醒我查看，以表达对我的谢意。

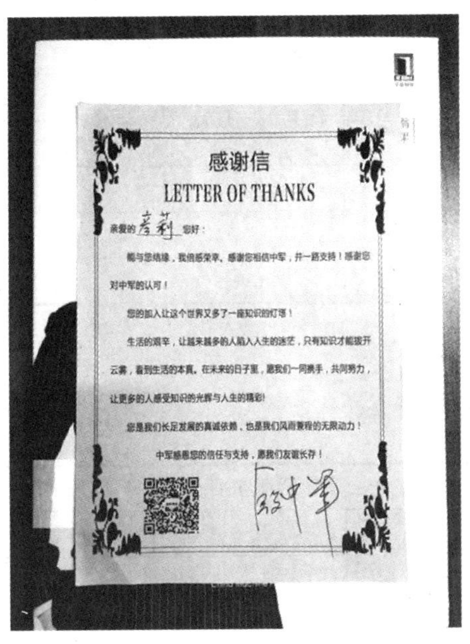

感谢信

LETTER OF THANKS

亲爱的 彦莉 您好：

能与您结缘，我倍感荣幸。感谢您相信中军，并一路支持！感谢您对中军的认可！

您的加入让这个世界又多了一盏知识的灯塔！

生活的艰辛，让越来越多的人陷入人生的迷茫，只有知识才能拨开云雾，看到生活的本真。在未来的日子里，愿我们一同携手，共同努力，让更多的人感受知识的光辉与人生的精彩!

您是我们长足发展的真诚依赖，也是我们风雨兼程的无限动力！

中军感恩您的信任与支持，愿我们友谊长存！

邱中军

感谢信的表达方式有很多，不要拘泥于形式。我们可以用纸质的信或明信片表达感情，也可以用微信发送一份电子信。关键是，你要能让客户感觉到你的用心，感受到意外之喜。

3. 售后服务登记表

售后服务登记表如下。

售后服务登记表			
客户姓名		联系方式（微信 / 电话）	
售后服务专员		服务时间	
购买产品或服务			
需要解决的问题			
解决方案			
处理结果			
客户满意度评价			

4. 产品退换货汇总表

产品退换货汇总表如下。

产品退换货汇总表										
客户姓名	购买产品	购买日期	规格型号	颜色	数量	金额	类别		退（换）货日期	退换货原因

5. 售后服务评价表

售后服务评价表如下。

售后服务评价表				
客户姓名		联系方式		客户地址
使用企业生产的何种产品				
产品满意度	产品质量	□满意 □比较满意 □一般 □不满意 □非常不满意		
	产品价格	□满意 □比较满意 □一般 □不满意 □非常不满意		
	产品包装设计	□满意 □比较满意 □一般 □不满意 □非常不满意		
服务评价	服务态度	□满意 □比较满意 □一般 □不满意 □非常不满意		
	服务方式	□满意 □比较满意 □一般 □不满意 □非常不满意		
	服务流程	□满意 □比较满意 □一般 □不满意 □非常不满意		
	服务效率	□满意 □比较满意 □一般 □不满意 □非常不满意		

（续）

服务评价	工作技能	□满意　□比较满意　□一般　□不满意　□非常不满意
	服务人员综合素质	□满意　□比较满意　□一般　□不满意　□非常不满意
	产品出现质量问题后的处理结果	□满意　□比较满意　□一般　□不满意　□非常不满意
其他建议或意见		

6. 售后服务调查问卷

售后服务调查问卷如下。

售后服务调查问卷		
尊敬的先生 / 女士： 您好！ 为进一步改进和提高产品的质量和服务工作，以便更好地为您提供服务，希望您能对我们的产品和服务提供宝贵的意见和建议（请在您认为合适的选项上打“√”）		
产品	您是从什么渠道了解到我们的产品的？	□广告　□网络　□微信　□朋友推荐 □其他
	产品质量	□满意　□比较满意　□一般　□不满意　□非常不满意
	产品价格	□满意　□比较满意　□一般　□不满意　□非常不满意
	产品使用状况	□满意　□比较满意　□一般　□不满意　□非常不满意
	企业的产品是否能满足您的要求？	□满意　□比较满意　□一般　□不满意　□非常不满意
服务	在产品示范过程中，您对服务者态度的评价	□满意　□比较满意　□一般　□不满意　□非常不满意
	服务者产品示范的水平	□满意　□比较满意　□一般　□不满意　□非常不满意
	投诉问题的处理	□满意　□比较满意　□一般　□不满意　□非常不满意
	产品出问题后的解决	□满意　□比较满意　□一般　□不满意　□非常不满意
其他	您认为我们的产品哪些方面还需要改进？	
	我们的工作还需要改进的方面	

5.2.2 售后服务的方法

1. 提供售后服务时的工作态度规范

微商提供售后服务时的工作态度规范见下表。

售后服务时的工作态度规范

工作态度	具体要求
主动	● 树立良好的服务理念，提升集体荣誉感 ● 坚守岗位，切实执行岗位责任制 ● 养成良好的服务习惯，不断改进服务方法
热情	● 仪容整洁，端庄，大方，态度诚恳，和蔼，精神饱满，给客户留下良好的印象 ● 以礼待人，体现服务者的修养和文明水平 ● 全面照顾，一视同仁
耐心	● 控制情绪，尽量解答客户疑问，不意气用事，不说粗暴、无礼的话 ● 做到面色和善、态度安详，客多人杂，安排不乱 ● 百问不厌，百答不厌，遇事不急，处理果断
周到	● 注重专业技能的学习、产品知识的积累 ● 切实、细致、周到地处理问题，使客户“高兴而来、满意而去”

2. 客户投诉处理规范

如果遇到客户投诉，无论是品牌客服，还是微商代理，无论是线上还是线下，服务者都应热情、礼貌地接待客户，认真聆听客户投诉并详细记录投诉内容。确认为己方错误时，应向客户表示歉意，并积极帮客户解决问题。详细处理规范如下。

客户投诉处理规范

序号	程序	实施要点
1	安抚情绪	● 安抚客户的激动情绪 ● 表示友好、理解的态度 ● 如是线下，可将客户引入接待室
2	倾听投诉	● 冷静地接受客户投诉 ● 抓住客户投诉的重点 ● 清楚了解客户的期望
3	分析原因	冷静分析投诉原因 客户投诉的原因通常有以下几点：

（续）

客户投诉处理规范		
序号	程序	实施要点
3	分析原因	• 代理未能详尽说明，未履行约定，态度不诚实 • 客户本身的疏忽或误解 • 产品本身的缺陷
4	设计解决方案	• 冷静判断投诉事件的责任者 • 了解处理该类投诉人员的权责 • 预估时间节点和投诉处理结果
5	将方案传递给客户	• 将方案告知客户，征询其意见 • 双方对异议处进行解释和调整
6	跟进处理	• 联系品牌相关部门负责人 • 控制处理进程，避免问题恶化 • 跟进处理结果，后期进行回访
7	检讨复盘	• 对投诉事件的性质和原因进行分析 • 检讨处理结果，吸取经验教训 • 整理投诉处理的相关文件并存档

3. 客户投诉处理注意事项

服务者应注意控制自己的情绪，体谅客户的处境。具体处理注意事项如下。

客户投诉处理注意事项		
序号	不恰当的态度	后果
1	立刻与客户讲道理，争论	• 激起客户的抵抗情绪，导致谈话无结果 • 造成对立僵局，后期难以争取到对方的理解
2	急于得出结论	• 易使客户因服务者的误解而更加愤怒 • 让客户对处理结果期望过高
3	一味道歉	• 让客户怀疑服务者只是息事宁人 • 延迟时间，降低工作效率
4	言行不一	• 让客户怀疑服务者和企业解决问题的诚意 • 客户会认为服务者、企业缺乏解决问题的能力
5	吹毛求疵，责难客户	• 回避主要问题和企业的责任，有辱信誉 • 双方各执一词，难以获得良好的沟通效果
6	转嫁责任	• 让客户觉得服务者有推诿的嫌疑 • 对投诉处理工作缺乏后期跟进反馈和进程控制

（续）

客户投诉处理注意事项		
序号	不恰当的态度	后果
7	中断或改变话题	● 让客户感觉不被重视和尊重 ● 客户的抱怨和不满加剧，甚至爆发
8	过多使用专业术语	● 让客户理解困难，感觉服务者在秀优越感 ● 给双方的沟通及问题的解决增加障碍

4. 服务质量补救的四大步骤

所谓服务质量补救，是指企业或服务者在为客户提供服务时出现服务失败和错误的情况下，对客户的不满和抱怨及时做出补救性反应，以重建客户满意和忠诚。微商品牌或个人微商在日常服务客户的过程中应重视服务质量及服务补救工作。

服务质量补救主要包括四大步骤：

（1）道歉。诚恳向客户为服务的不周到致歉。

（2）对客户表示认同和同情。先认同客户的抱怨并对其表示同情，这样会缓解客户的不满情绪。

（3）补偿。及时帮客户处理好问题，并做出相应的补偿。

（4）后期追踪。跟进客户投诉问题的解决情况，并了解客户对问题处理的满意度。

5. 服务质量评估的 RATER 指数

客户服务质量是在服务者与客户的互动、接触过程中形成的，它来自客户的感知，由客户决定。品牌微商、个人微商可以通过 RATER 指数来评估客户服务质量。

服务质量评估的 RATER 指数	
信赖度	品牌微商、微商个人是否能够始终如一地履行对客户的承诺
专业度	服务者所具备的专业知识、技能、职业素质、提供优质服务的能力、对客户的尊重度等

（续）

服务质量评估的 RATER 指数	
有形度	品牌微商、个人微商为客户提供的有形的服务设施、环境、服务人员仪表以及对客户的帮助和关怀的有形表现
同理度	服务者能够随时设身处地为客户着想，真正同情、理解客户的处境，了解客户的需求
反应度	服务者对客户的需求给予及时反应并能迅速提供服务

6. 服务改进建议实施方案

服务改进建议实施方案见下表。

服务改进建议实施方案

角度	类别	说明	建议范围
时间角度	售前服务	在销售产品前为客户提供的服务	市场需求调查改进、产品涉及范围、提供使用说明书情况、咨询解答改进办法
	售中服务	销售产品过程中为客户提供的服务	产品介绍、产品展示的效果改进，产品使用示范改进，解答客户问题的技巧，包装产品方案
	售后服务	产品售出后为客户提供的服务	产品寄送、运输、收货、使用效果跟进、维修和退换等各种保证制度，产品使用和维修方法培训方案等
技术角度	技术性服务	与产品技术和效用直接有关的服务	技术服务设备管理、技术培训方案、技术人员服务标准等
	非技术性服务	与产品技术和效用无直接关系的服务	仓储合理性、产品运输方法、产品包装标准、分期付款实施条件等
服务对象角度	个人消费	消费者通常以个人或家庭为购买单位，购买目的是个人或家庭消费	产品介绍话术、产品展示效果、帮助客户挑选商品的技巧、商品包装额度标准等
	企业采购	为各行各业的团购客户提供的服务	维修、运输、退换货的流程设置，按期交货控制办法，相关人员培训服务方案等
服务地点角度	定点服务	在固定地点设立或委托其他部门设立维修服务网点，开展服务	服务地点的选择、周边市场的开发、网点建设计划、网点覆盖面等

（续）

服务改进建议实施方案			
角度	类别	说明	建议范围
服务地点角度	巡回服务	按照客户的分布区域和服务要求，开展巡回服务	巡回路线设计、巡回费用管理办法、巡回周期、巡回服务内容等
收费标准角度	免费服务	在一定时期内免费为客户提供某些服务，赢得客户好感，提升企业竞争力	免费项目设置、免费时间安排、免费项目成本控制、免费项目针对对象范围等
	收费服务	为客户提供服务，但要收取一定的费用	收费项目设置、收费价格标准、收费方式、收费旅程等

7. 全面市场调研、年度调研

全面市场调研和年度调研经常用来调研主要客户对产品和服务流程的满意度。全面市场调研和年度调研的代表性和可靠性较高，但成本较高，适合微商品牌来调研客户对微商企业客服、代理提供的服务的质量的满意度，以了解企业服务不足之处，并进行相应调整。

8. 拦截调查

拦截调查就是在客户体验完某种服务后对其进行现场调研。该调研在银行、超市等线下服务行业用得比较多。

当然，这种调研线上线下均可，以线下为主。线上可以用电子问卷调查，线下以纸质调查问卷为主，有时候因为客户时间有限，为了方便客户，也可以让客户关注品牌的微信公众号，完成在线调研。

9. 神秘消费

银行、酒店、实体店等服务行业经常使用该种调研方式来调研服务者是否为客户提供了企业期望的服务。如银行经常会有“神秘人物”（其实就是暗访者）来办理业务，借机检查银行柜员是否为客户提供了微笑服务、耐心服务，服务过程中是否存在不当行为。这一招其实挺管用。很多银行柜员怕被“神秘人物”暗访扣分，因此为客户提供服务时小心翼翼，丝毫不敢懈怠。

微商品牌也可以对代理和客服进行类似的暗访，以了解代理和客服是否提供了品牌期望的服务。

10. 客户主动反馈

微商品牌可以提供客户投诉、表扬的通道，让客户主动对服务质量提供反馈。

客户的投诉、赞美和建议是微商获得客户详细反馈的丰富资源，能让我们了解客户的满意点和抱怨点，可以帮助我们监控服务质量、了解服务不足点、改善服务流程。

6

第6章 放大服务价值，让付出得到回报

我们千方百计服务好用户，为的是什么？当然是为了得到更高的回报，为最终实现成交做好前期铺垫，甚至直接促成成交。本章我们就来讲一讲服务做好以后，如何提升客户复购率（直接促成成交），如何维护好新老客户或者通过转介绍获得更多客户，以及在获得足够多的客户以后如何把他们转化为具有更高价值的代理（前期铺垫）。

6.1 如何提升客户复购率

对于微商客户管理来讲，让客户对我们的产品和服务满意很重要。但是，对于微商来说，不是客户满意就行了，让客户满意是为了实现客户的重复购买和转介绍。如何让客户重复购买我们的产品对做好微商同样重要。不能让客户持续购买产品的微商是没有竞争力的。

将陌生人变成熟人，将弱关系变成强关系，是微商开拓新客户的必修课。在开拓新客户时我们要花大量的时间和精力去和他建立信任关系。建立信任后，我们还要为其提供高质量的产品和优质的服务才能产生足够的黏性。可以说，开拓新客户所花的成本很高。但维系老客户不同，因为我们前期与他们已经建立了信任关系，只要做好维护工作，再适当使用一些技巧就可以促进其复购，成交成本远低于开拓新客户。

那么如何提升老客户的复购率呢？可以从以下几点着手。

1. 让客户对产品满意

要想让客户再次购买产品，肯定要为其提供满意的产品。客户在使用我们的产品后，能解决其需求，而且产品功效达到甚至超过了他的预期，这时候便有了让客户复购的基本条件。

在微商兴起之初，很多微商为客户提供一些低质、低效、高价的产品，甚至假货。客户第一次可能因为不知情而上当，但当客户体验产品发现受骗，或者产品功效远低于预期，他自然不会再购买，还会向身边人抱怨。微商的口碑一旦崩坏，那其微商之路离结束就不远了。

2. 让客户对服务满意

仅为客户提供优质的产品还不行，还要为客户提供优质的服务。

好的服务、极致服务将会帮我们在客户心中树立口碑，口碑扩散很快，且会帮我们吸引更多客户。

和产品相比，为客户提供好的服务更重要。如果客户对我们提供的产品不满意，但对我们的服务满意，我们仍然有机会让客户再次购买我们的其他产品。因为客户不满的是我们的某一款产品，而不是我们这个人。只要我们通过服务让客户认可我们这个人，那么再次上新品时，客户出于对我们的信任，仍然会选择购买我们的产品。当然，这并不意味着我们可以不再重视产品质量。事不过三。客户可以相信我们两到三次，但如果我们提供的产品一直不能让其满意，就会严重透支我们的信誉，客户即使觉得我们的服务不错，也不会再购买我们的产品。因此微商要慎重选择产品。

其实客户在购买产品前会对企业及产品有一定的期望值，购物之后对此次购买行为产生真实的感受，如果超期望值，满意度就会比较高，复购也会水到渠成。然而，有些微商宣传做得很好，客户期望很高，但产品和服务带给客户的实际感受与预期相差较大，自然不会再产生复购。

3. 与客户建立情感链

人都是有感情的，一个有温度、有关怀的贴心微商必然比那些不知冷暖，只想着成交客户的微商更容易获得客户好感。做微商，除了要为客户提供高价值的产品和优质的服务，还要在成交后定期与客户沟通互动，给客户以情感关怀，进而在适当的时候再提醒客户复购。这一点前面多次强调，这里不再展开。

4. 搞好促销促进消费

我们可以对客户进行分类，将客户与所需要的产品关联到一起，针对客户的需求点进行促销，这样效果会更好。如我们知道客户对护肤品和减肥产品需求很大，就可以给客户赠送这些产品的优惠券，促进其进一步消费。

6.2　如何维护好新客户

什么是新客户？狭义地讲就是在我们这里第一次购买产品的客户。再广泛一点讲，新客户还包括在我们这里领取过试用装，参加过我们朋友圈点赞送、转发送、幸运儿免费领产品等活动的客户，也就是所有通过我们取得产品使用权而又没有进行购买的客户。

我们要对新客户进行备注和标签分类，备注内容包括：姓名、电话、地址、购买产品内容、购买日期等，如果有介绍人也要备注上。这些信息有利于减少二次购买时的沟通成本，同时也能让客户感觉到我们对他非常重视。另外，如果我们在跟客户聊天的过程当中获取了任何有关他的信息，比如，是做什么的、有几个孩子、分别多大、生日是什么时候、哪里人、经常待在哪里等等都要记录下来，形成客户档案。这样无论是一个月后还是一年后，甚至十年后，我们只要一打开他的档案就可以知道关于他的所有信息。聊天过程中不经意间的一条信息让他感觉到惊讶，我们就成功地给客户留下了非常深刻的印象。

同时，我们要学会使用维护新客户的“一三七法则”。

“一三七法则”是指新客户成交的第一天、第三天和第七天我们应该分别做哪些事情。

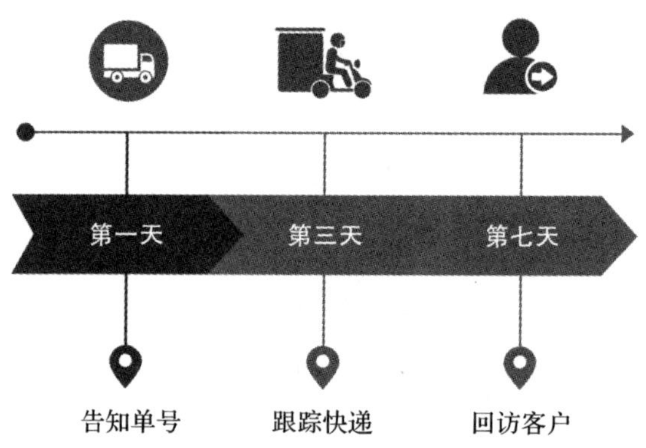

维护新客户的“一三七法则”

这个法则的经验来自于线下门店，是实体店中得来的经验的总结，作为微商的我们不一定照搬，但可以借鉴。

1. 第一天：告知发货单号

当客户购买商品之后，都有急于收到货品的心理，比如一下单或者未下单前就会询问：“我多久能收到货啊？”所以要在第一时间把单号反馈给客户，或者直接把快递单拍照发给他，以方便客户自己去查看货品的物流情况。我们还要提醒客户将手机保持开机状态，以方便快递小哥联系，且提醒客户一定要先验货再签收。

2. 第三天：跟踪快递

第三天指的是预计快递要到达或者已经到达的时间，不一定就非得是三天，视实际情况而定。我们要主动联系客户，问他是否收到货、货品是否完好、数目是否正确。

这时会出现两种情况：

（1）**客户还没收到货。**如果货品没有正常到达，要及时跟客户解释未到达的原因。对于这种主动贴心的回访服务，绝大多数的客户都会表示支持。因为很多时候，客户的满意度不高不是因为产品问题，是因为物流问题。

（2）**客户收到货了。**等客户收到货后，可以再一次跟客户讲解一下产品的使用方法，特别是需要注意的细节或者必须要注意的事项。之前与客户沟通产品的时候，可能你已经告诉客户产品的使用方法，但是你要知道，客户收到货后，还是希望再问问你，再跟你确认一下产品应该如何正确使用。客户有时候忘性很大，我们作为最贴心的卖家，要主动做好这些事情。

3. 第七天：回访客户

第七天时，一般来说客户已使用产品一段时间了，此时不要放任不管，应该主动询问使用情况，并且根据实际情况做出解答。如果产品使用过程中出现了问题，有些客户会主动找我们咨询，这其实是给我们解释的机会。但是有部分客户虽然觉得产品不好，甚至认为我们不好，也不会主动找我们，我们若是也不主动联系，就有可能永远失去这个客户，甚至是一批客户。所以我们要主动询问客户的产品使用情况。

回访可能会有三种情况发生。我们以护肤品为例进行说明：

（1）**使用产品两三天，未见效果。**这个时候要告诉客户，皮肤的新陈代谢周期是 28 天及以上，每个人的个体情况和肤质不同，起效快慢也会不同。要鼓励客户坚持使用下去，因为有部分客户是坚持不下去的，用上两三天看不到效果就不用了，也就因此错失了机会。跟客户解释好之后，也别忘记再回访，回访次数越多，客户成为我们的忠实粉丝、铁粉的概率就越大。

（2）**使用后感觉非常好**。这个时候我们要跟客户聊天，索取反馈，作为我们的客户见证和发圈素材。注意，不要语音，一定让他用文字给我们反馈，引导他说出对产品的体验感受，我们要加以赞同，并重述产品的功效。另外请客户帮忙宣传，推荐朋友来购买。对关于产品的聊天记录进行截图，发到朋友圈。

（3）**使用情况不正常**。如果客户在使用过程中出现异常现象，比如使用护肤品后出现过敏或者其他不适，这个时候不要慌，一定要先全面询问客户的基本情况，是真的过敏了，还是因为缺水导致的长痘痘、红肿等，或者是因为皮肤首次接触这款产品，出现的正常应激反应。最好能了解到不良情况的所有细节，并要求客户提供现在的照片。

不要马上找我们的上级询问解决方法，先了解客户之前的情况，比如之前使用了什么化妆品，是否是含激素的产品，以及使用我们产品的方法是否正确，以便做出正确的判断。我们要明确以下几点：客户是否真过敏？是因为天气情况导致过敏？是因为环境的改变使皮肤发生反应？是因为饮食问题刺激导致，还是他之前使用的化妆品含有铅、汞、激素等成分造成了现在的不适应？只有了解现状后，才能更好地判断出现不良反应的真正原因。如果判定他是真的过敏，我们就要找出解决办法，安抚客户的情绪。

“一三七法则”是针对新客户的方法，这个一、三、七不是指具体的天数，而是指一个宽泛的时间，我们要根据自己的实际情况来做客户维护。

6.3 如何维护好老客户

提及老客户维护，不得不提一下“二八定律”，即在创业路上只有 20% 的人能成功，80% 的人会失败；在销售行业，我们要花 80% 的时间来跟客户建立信任关系，只需花 20% 的时间就可完成成交；在我们的团队里，80% 的业绩来自于 20% 的代理。

我们的零售业绩也遵循这个道理，我们 80% 的业绩来自于 20% 的老客户，要么来自于老客户的重复购买，要么来自于老客户的转介绍。

再给大家公布一组我们团队在 5 个万人团队做调研得到的数据：

- 发展一个新客户的成本是挽留一个老客户的 3～10 倍；
- 客户忠诚度下降 5%，经营者的利润将下降 25%；
- 向新客户推销产品成功率是 15%，向老客户推销产品成功率是 50%；
- 如果将每年的客户保持率增加 5%，利润将增长 25%～85%；
- 6% 的新客户来自老客户的推荐；
- 20% 的客户带来 80% 的利润。

“250 定律”则表明，每个顾客的背后大体上都有 250 名亲朋好友，这些都是我们的新客户源。所以在维护好新客户的同时，我们还要维护好我们的老客户。

6.3.1　老客户的分类

泽丝曼尔、拉斯特和莱蒙认为，企业基本上可以将客户分为四类：

（1）白金客户。这部分客户在企业客户群中的比例很小，但他们的购买量很大，对企业的利润贡献率很高。该类客户最典型的特征是对价格变动不敏感，但有较高的服务水平期望，乐于投资，而且愿意尝试新的服务。

（2）黄金客户。黄金层的客户数量较多，但单个客户的利润贡献率没有白金客户高，对价格弹性较为敏感，而且忠诚度不高。

（3）铁客户。这是企业客户群中数量最多的客户，由于他们的存在，企业才能享受到规模经济的好处。如果没有这些客户，企业的基本能力和设施可能会存在浪费的现象，他们的存在，对白金和黄金客户起着支撑性作用。但需要注意的是，铁客户能为企业创造的利润十分有限，也正因如此，他们不能像黄金和白金客户一样享受特殊的待遇。

（4）铅客户。这一层的客户能给企业带来的收益微乎其微，但他们对企业的服务要求却与铁客户相差无几，因此，需要将这一类客户从目标客户中予以剔除。

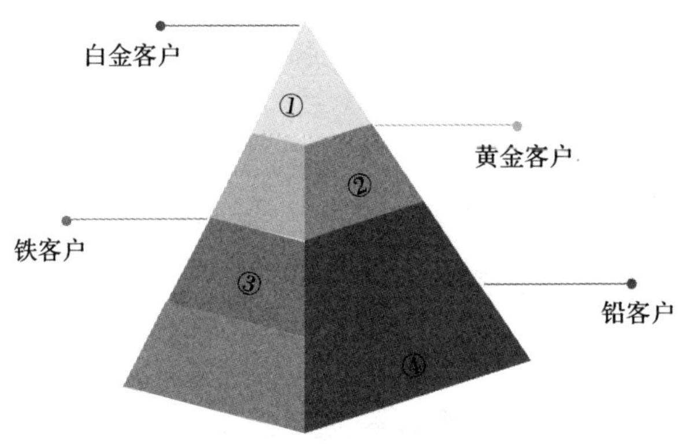

传统企业的客户分类

我将上述分类与微商行业结合，将微商的老客户分为三类：

（1）A 类客户：最重要的客户。

（2）B 类客户：比较重要的客户。

（3）C 类客户：一般的客户。

老客户的分类

6.3.2　老客户的分类标准

老客户的分类标准考量因素如下：

（1）客户的资金实力，也就是他的购买能力。

（2）客户的朋友圈活跃程度。他是经常晒自己的生活、工作、学习等动态，还是经常发一些链接。如果他朋友圈很活跃，就说明这个人很喜欢分享，如果能成为老客户，他帮我们做宣传的可能性很大。

（3）客户对产品的认可度，也就是客户使用产品的满意度。

（4）客户对我们的认可度。客户对产品认可度高，对我们本人不够认可，也是不行的。

（5）收集客户的基本资料。我们从朋友圈中可以看出他的职业、孩子在哪里上学、他在哪里上班等信息。通过各种信息可以评估出他朋友圈的情况、他的影响力等，这一点也非常重要。

上述每项总分 2 分。以打分制来进行分类，分类评判标准如下：7～10 分归为 A 类客户，3～6 分为 B 类客户，0～2 分为 C 类客户。此外，A 类客户有一个特别标准，只要是刚刚成交的客户，不管他的得分是不是 7～10 分，都必须把他列为 A 类客户。

老客户的分类标准

6.3.3　老客户的维护标准

1. A 类客户的维护

对于 A 类客户，维护时主要注意以下 3 点：

（1）每周评论朋友圈 2～4 次（注意不是点赞）。为什么要评论而不是点赞？首先，我们可以通过认真观察他的朋友圈，知道他是什么样的人、有什么样的性格、有什么样的爱好和什么样的资源等，用心评论更会让他记住我们。其次，我们用心评论，他会认真回复我们，从而和我们产生互动。互动后我们与客户之间的感情会加深，我们可以借此去跟客户发起私聊，从而建立更高层次的信任，也可以为客户下次购买做好情感铺垫。

（2）每周至少私信 1 次。注意，我们在跟客户私聊的过程中，一定要有目的性：

- 通过聊天我们要了解客户的更多信息，如客户的生日、客户的家庭情况、生活情况、工作情况、居住地、籍贯、生活地等信息。
- 为向客户推荐其他产品做好前期铺垫，也可以去发掘客户需求，引导客户的消费习惯等。
- 私聊过程中，如果客户对我们的产品非常满意和认可，我们可以请客户帮我们进行转介绍和朋友圈宣传推广等。

（3）一对一发送节假日活动通知。对于这类客户，节假日活动通知不要群发，要注意差异性，比如在发送内容的前面加上客户的名字，或者我们对他的昵称等。

2. B 类客户的维护

对于 B 类客户的维护，主要注意以下 3 点：

（1）每周评论他的朋友圈 1～2 次；

（2）每两周至少私信 1 次；

（3）一对一发送节假日活动通知。所谓一对一发送，就是在我们的信息中要有对方的称呼，这是对客户的尊重。

3. C 类客户的维护

对于 C 类客户的维护，主要注意以下 3 点：

（1）每两周评论他的朋友圈 1～2 次；

（2）每个月至少私信 1 次；

（3）节假日活动通知可以群发。

每周评论朋友圈 2～4 次；
每周至少私信 1 次；
一对一发送节假日活动通知。

每周评论朋友圈 1～2 次；
每两周至少私信 1 次；
一对一发送节假日活动通知。

每两周评论朋友圈 1～2 次；
每个月至少私信 1 次；
节假日活动通知可以群发。

老客户的维护标准

其实对不同客户进行维护，主要项目是一样的，都是评论、私聊、活动通知，但频率、消耗的时间不一样。这里再着重提一下，不要以客户的经济实力进行分类。因为有些客户虽然自己的购买能力有限，购买的产品少，但是他的朋友圈质量高，朋友数量多，若他再喜欢分享，乐意晒自己的生活状态，那么他会是自己朋友圈里面的小明星，受关注度高，他可以成为我们在他朋友圈里的代言人。我们可以单独跟他沟通，让他在朋友圈里晒我们的产品，分享我们的产品，分享他的感觉，会有意想不到的宣传效果。

6.4　促进客户转介绍的策略

客户转介绍是微商开拓新客户的一种常用方法，该方法具有耗时少、成功率高、成本低、开发效率高、客户质量好等优点。

汽车销售员乔·吉拉德在商战中总结出了“250 定律”，他认为每一位客户身后，大体有 250 名亲朋好友，这些人都可以成为我们的潜在客户。

不把客户当作一桶石油而当成一座油田，让客户自愿为我们介绍新客户，我们将获得源源不断的石油，再也不会为没有客户而发愁。

“物以类聚，人以群分。”客户的朋友往往是一群与他有着类似话题、兴趣爱好的人。因此，维护好一个老客户，可以为我们带来十个甚至更多的新客户。这也说明了客户转介绍的重要性。

6.4.1　转介绍的条件

要让客户愿意帮我们转介绍，需要让客户对我们的产品和服务满意。

1. 客户对产品满意

如果客户对我们的产品不认可不满意，他会顾虑自己的声誉，根本不会帮我们转介绍。其实我们可以换位思考一下，如果一个产品质量存在问题的生意人让你帮他介绍生意，你会愿意把他推荐给自己的朋友吗？显然不会。你会担心你的朋友无法享受好的产品和体验，会有损你的名誉。那客户转介绍也是如此。在让客户为我们做转介绍之前，先要为我们的客户提供高质量的产品，而且产品确实对客户有用。

2. 客户对服务满意

要让客户帮我们转介绍，仅让客户对产品满意还不行，还要让客户对我们的服务满意，认可我们这个人。客户会通过我们的服务了解我们的为人，判断我们是否靠谱。客户只会把那些他认可的人推荐给自己的朋友。如果客户对我们的产品满意，但对我们的服务不满，那他会认为我们不值得信赖，因此也不会帮我们转介绍。

3. 客户认可你这个人

要想让客户帮我们转介绍，还要让客户认可我们这个人，觉得我们值得信赖。其实客户对我们产品满意、对我们服务认可之后，已经对我们产生了一定的信赖感。这时候我们需要继续为客户提供优质的产品和服务，让客户对我们产生持久的信赖。

4. 长期联系

长期和客户保持联系，一来可以让客户更熟悉我们，二来可以让客户对我们产生更深的信赖感。

综上，对微商来说，产品和服务是重中之重。如果我们想提升客户转介绍率，务必选对产品、做好服务，保证产品质量和服务质量。

6.4.2　转介绍的时机

让客户帮我们转介绍，时机的选择很重要。

1. 成交后

在成交之后，客户对我们的产品和服务处在“满意”状态时（不然就不会付钱了），我们可以当面或线上请求客户帮忙转介绍。这时候因为客户和我们已经建立了一定的信赖感，在“满意”的情绪下更愿意帮我们转介绍。

2. 与客户建立信任关系后

我们在与客户建立信任关系后，适时当面请求客户转介绍。这种方法适用于成交率不高的客户。

当然，为了提升转介绍率，建议微商伙伴还是在让客户体验过我们的产品和服务，对我们的产品和服务满意时再请他们帮我们转介绍，这样效果更好。

当然，我们让客户帮忙转介绍，可以不局限于同一款产品。

6.4.3　如何选择对象

做微商的人都很忙，且每个人的时间和精力都是有限的，如果通过沟通让每个客户都帮我们转介绍，耗时耗力，不太现实，而且性价比也不高。这时候我们需要先对客户做一次筛选，选出那些能转介绍高质量新客户的客户作为主攻对象。

建议优先选择那些在自己的领域、圈子中具有影响力、人脉资源丰富的客户作为主攻的对象。这类客户朋友圈中的朋友资源更丰富、质量更高，而且往往和他们有着相似的需求，更容易为我们带来高业绩。

当然，前提是这些具有影响力的优质客户认可我们的产品和服务，认可我们这个人。

此时有人可能会问了，那如何才能知道哪些客户具有影响力和号召力？这就需要我们在零售过程中调查、整理客户的基本资料，并建立客户档案，从客户档案着手筛选出这些人。

6.4.4 转介绍的方式

让客户帮忙转介绍的方法也很重要，下面介绍几种效果较好的转介绍方法。

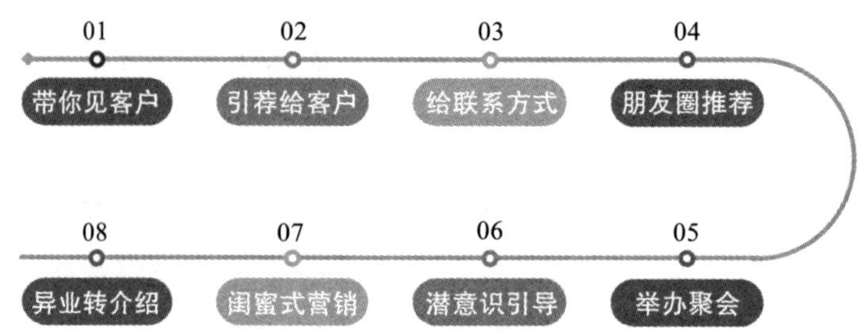

转介绍的几种方法

1. 请客户带你去见新客户

这是最好的转介绍方法，当然这仅适用于线下。

让客户带我们去见新客户，一来有客户在场，更容易建立与新客户的关系；二来在见新客户的过程中，其实我们与老客户的关系又加深了一层；三来让我们的老客户清楚整个见面环节，让他对我们更放心，也能及时了解见面结果。

2. 请老客户将你引荐给新客户

微商和客户交往主要是在线上交流，让老客户带我们去见新客户并不是很方便。即使是本地客户，但往往客户很忙，没有时间带我们亲自去见新客户，这时候我们可以让老客户帮忙将我们引荐给新客户。

引荐可以通过微信（文字、语音或视频），也可以通过电话。让老客户给新客户打电话效果更好。无论用哪种方法引荐，我们都需要提前帮老客户准备好引荐话术，这样老客户可以直接参考我们的话术进行转介绍。我们请老客户帮忙转介绍，一定要尽量减少对方的麻烦，让对方省事，这样对方转介绍的意愿才会更强。

在客户帮忙引荐后，我们需要及时联系新客户。如果是在本地，可以预约见面；如果是线上，可以直接沟通，向其介绍产品情况。

3. 请老客户提供新客户的联系方式

相较上述两种方法，这一招效果要差，但同样有用。

基本的方法是请老客户提供要转介绍的客户的联系方式，由我们自己联系新客户。联系好后，如果是在本地，可以预约见面；不在本地则在线上直接沟通。

这种情况下，我们最好能让老客户提供新客户的基本资料，以便提前了解其基本情况。当然，如果老客户没提供，我们可以通过查看新客户的朋友圈，对其兴趣爱好、职业情况、近期动态等基本资料有个基本了解。

4. 请老客户在朋友圈中推荐你

这是微信时代最方便、最省事、最高效的转介绍方法。

每个人的朋友圈都有很多微友资源，在朋友圈中发布推荐信息，将会吸引大量微友关注我们。如果是一些具有影响力的老客户，其朋友圈影响力和号召力更大。

我们可以请客户帮忙在他的朋友圈中推荐我们的人和我们的产品。我们可以事先准备好转介绍话术，请客户复制转介绍话术并发布到他的朋友圈中。在话术中要留我们的微信号或微信二维码。建议以微信二维码为主，因为方便添加，微友添加我们为好友的概率会更高。

5. 举办聚会

如何操作呢？就是为老客户们举办一场聚会，并让他们带上他们的朋友。比如，可以举办一场生日会或者演奏会（如少儿钢琴培训），对我们的学员说，可以带他们的朋友一起来参加聚会。为了有更好的效果，我们最好制作聚会入场券，凭此券入场。然后给每个参加聚会的客户 5～6 张入场券。有门票仪式感更强，客户会更珍惜聚会的机会，也会提升我们的调性。

我们还需要做些服务工作来成交新客户们。

（1）当老客户带着他们参加聚会时，让他们登记个人信息。

（2）我们可以先设法与他们建立信任（有老客户的背书，建立信任更容易）。

（3）后期有线下沙龙时，邀约这些新朋友参加，在沙龙上成交他们。

6. 潜意识引导

我们可以在工作室放满其他客户帮你转介绍的案例，也可以在微信朋友圈发布相关案例，或私发案例给客户。在从众心理的作用下，很多客户会在潜意识中接受转介绍这件事，并会在合适的时机向朋友推荐你，或直接将你推荐给身边的朋友。

7. 闺蜜式营销

你销售产品时，可以引导客户购买两份，其中第二份给他优惠价，并鼓励他送给自己的朋友，美其名曰“闺蜜套餐价”。

如果是网络购物，购买该套餐的客户，可以填写两个地址，一个是自己的收货地址，另一个是闺蜜的。对于商家而言，最初购买产品的是一位客户，但当客户的闺蜜收到产品后，那么我们就增加了一位客户。

8. 异业转介绍

异业联盟是又好又快的转介绍方式。找到同行业但不存在竞争的商家，达成合作协议，彼此互推客户。

- 互推合作。合作的对象可以是微商，也可以是门店主。私下与其谈好合作方式，达成互推协议。
- 额外福利。当客户购买产品时，若客户购买了对方的产品再购买我们的产品，可以给予额外福利。考虑品牌不允许微商乱价，因此以额外赠品或其他礼物作为福利为宜。同样，当客户购买你的产品时，再购买对方的商品，也可以获得额外福利。
- 及时反馈。你推荐给合作方的客户要登记好，并反馈给对方。合作方推荐过来的客户，你亦要登记并反馈给对方。有了反馈，后期彼此合作才会更有积极性。

6.4.5　如何让客户持久转介绍

客户对我们的产品和服务质量感到满意后，出于情感因素，愿意帮我们免费做转介绍，但这只是暂时的，不能持久。要想让客户持久帮我们转介绍，需要结合服务建立一套激励客户的机制。如何做到这一点?

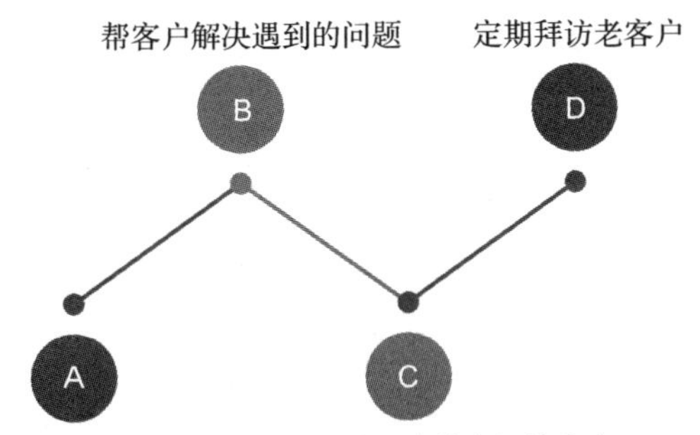

如何让客户持久转介绍

1. 用好“情感 + 利益”组合拳

情感机制前面已经提到，就是让客户对我们的产品和服务满意。利益机制就是让客户成为我们的分销商。所谓分销商，就是当客户帮我们转介绍后，其转介绍的对象消费产品后，我们可以根据具体消费金额给客户一定的佣金或提成。

对给客户分销返佣机制，其实安利等直销企业已经做出了示范，效果很好，值得借鉴。微商运用这种机制一般采用“微商城 + 分销功能”的方式，既正规又省事。这也是很多目前做得比较大的微商品牌正在做的事。

“情感 + 利益”这套组合拳其实是用“物质 + 精神”两套服务来提升客户满意度，增强客户持久转介绍的意愿。

2. 帮客户解决遇到的问题

转介绍其实也是一种销售，也需要一定的销售技能，但很多客户因为没有做过销售，刚做转介绍时可能会遇到很多问题，这时候需要我们及时跟进客户，帮助他解决相关问题。这其实也是一种服务客户的方式。我们可以教客户一些话术技巧、文案技巧，甚至可以帮客户准备好相关话术和文案，让客户按照我们教的步骤执行，既省事又高效。

3. 及时回报转介绍的客户

有很多客户是出于感情帮助我们转介绍，他们觉得谈钱伤感情，并不一定愿意成为我们的经销商。

此时我们怎么办？让客户白白帮忙转介绍？还是为了不让他们为难而拒绝他们帮忙转介绍？都不是。这时候我们可以将钱换成超值赠品，用赠品或优惠券回报帮我们转介绍的客户。

也许有些微商会想，客户不要就算了。我不建议这样做。客户要不要是一回事，我们给不给是另一回事。而且我们坚持回报客户，客户会觉得我们是一个知恩图报的人，后期也会更用心帮我们，这将为我们带来源源不断的机会。

及时回报客户，是对客户的一种精神服务。

4. 定期拜访老客户

很多微商有一个习惯：成交了，就再也不去拜访老客户了。我们销售的商品可能使用周期很长，也许客户购买以后，半年甚至一年都不会再找我们采购了，但这并不妨碍我们和客户继续做朋友，让客户感动并帮我们转介绍。

为什么要时不时去拜访一下客户？目的是让客户知道我们的存在，并拉近关系，增强精神层面的服务，知道要买东西找我们。另外，当客户的朋友要买东西的时候，也会征询客户的意见，此时客户转介绍的机会就来了。我们定期去拜访，可以让客户想转介绍时会想到我们。

6.5　如何将客户转化成代理

要想做好微商事业，微商不仅要会零售，还要会招募代理，这样才能快速裂变扩大事业。

微商招募代理，一个渠道是直接招募那些对微商创业感兴趣的人，他们往往是被我们的招商政策吸引，加入我们的团队的。另一个渠道就是直接将现有的客户转化为代理。

6.5.1　转化客户为代理的优势

从现有的客户中发展代理有很多优势：

（1）客户已体验过我们的产品和服务。这就为我们进一步转化他们奠定了基础。这时候我们需要做的就是让客户对我们的产品和服务满意。

（2）我们和客户已经建立了一定的信任关系，不需要再像发展新代理那样从头建立信任关系，这将帮我们节省很多时间和精力。

（3）即使现在没被转化成代理，后期仍然有机会转化。有些客户可能目前事业发展得还不错，不需要创业。但也许未来的某一天会面临失业或再择业的问题，这时我们可以再次和他提微商创业的事，转化率会大大提升。

6.5.2　转化客户为代理的策略

要将客户转化为代理，可以采用以下策略。

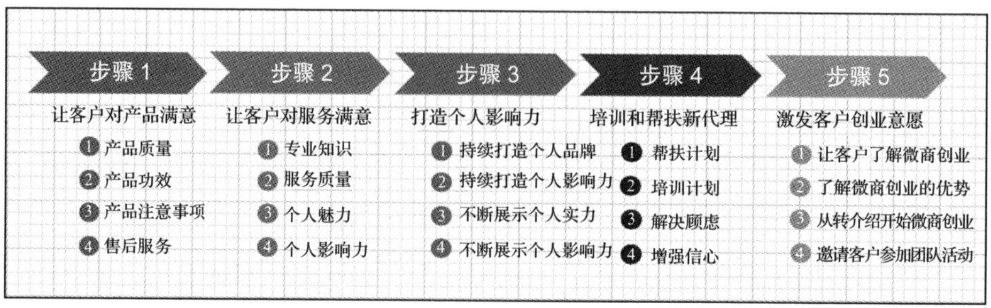

转化客户为代理的策略

上图中的让客户对产品满意和让客户对服务满意前面多次提到，这里不再赘述。

1. 打造个人影响力

打造个人品牌、提升个人影响力，是将客户转化为代理的重要一环。在同类产品代理的竞争日益激烈的情况下，如果竞争者提供的产品和服务也让客户无可挑剔，此时吸引客户加盟你的团队、品牌的重要影响因素是你个人的实力和影响力。理由很简单，人都喜欢与强者连接、合作。

- 持续打造个人品牌和影响力。
- 在朋友圈等互联网平台不断展示个人实力及影响力。

2. 对新代理的培训和帮扶

通过朋友圈、私聊向客户展示个人、团队、品牌能为新代理提供的培训和帮扶计划，这些内容会吸引大量想进行微商创业但又顾虑没有创业经验的客户。

- 帮扶计划。向客户展示帮助新人快速入门、成长的品牌手册。
- 培训计划。为新代理准备“小白7天蜕变营”“初级代理进阶”等培训。

3. 激发客户创业意愿

客户对我们的产品和服务满意是我们转化客户的基础条件，但具备这两个条件还不够，还需要具备第三个条件，那就是客户有微商创业意愿。

如果客户并不想做微商，即使对我们的产品和服务满意，也不会代理我们的产品，最多向我们复购，或帮我们转介绍新客户。因此，我们需要培养客户的微商创业观。

我们可以通过下述方法快速培养客户的微商创业观。

（1）**让客户了解微商**。很多客户对微商并不了解，甚至从身边人口中听到了很多微商的负面信息，对微商存在一定的偏见和抵触。这时候我们要把微商发展史讲给客户听，让他们对微商行业有一个全面客观的了解，让他们将微商和传销、假货区分开。

（2）**让客户了解微商创业的优势**。很多客户在我们的讲解下开始接受微商，但不一定知道微商创业的优势，这时候我们要通过讲事实、摆数据，让客户意识到微商创业的巨大优势。微商创业的具体优势请参阅《我是微商4》的第1章。

（3）**让客户先从转介绍开始微商创业**。很多客户比较谨慎，一开始步子迈不开。此时我们可以先请他帮我们转介绍。客户帮我们转介绍后要给客户一定的回报，让客户看到他的分享可以为他带来收益，而且让他意识到微商创业没有想象中那么难。

（4）**邀请客户参加团队活动**。我们可以邀请客户参加我们团队的聚会、培训活动，让客户在团队活动中感受到团队积极向上、爱学习、和睦相处的一面。人很容易被所处环境影响和推动。当客户感受到我们团队充满正能量后，很容易被触动。当客户看到很多草根因为微商创业实现了逆袭，改变了自己和家族的命运后，他肯定会被触动，在这样的环境中也更容易被转化成代理。这时候我们还可以配合一定的优惠政策，提升吸引力。

7

第7章

如何借力服务吸引潜在代理

生命之舟因拼搏而前行，服务之灯因热情而点燃。

对品牌微商、个人微商来说，除了做好客户服务，还得兼顾代理服务。代理身份比较特殊，既是顾客又是合作伙伴。因此，服务代理是个技术活。如何借力服务吸引潜在代理，是品牌方、团队长需要认真做好的功课。在粉丝成为代理之前，要让潜在代理先了解品牌、团队、创业故事、价值观、梦想等，通过这些信息服务、精神服务打动他、吸引他。

7.1 微商客服的第二大功能：服务代理

我有一个操盘手朋友运营某品牌微商项目，花了近一年时间将品牌的代理由零裂变到 8 万。但最近他却寝食难安，因为代理流失严重。他思来想去，发现品牌方给代理分的钱不少，线上线下的内训和动销会也不少，不知道问题出在哪。

我仔细分析后发现，根源在于品牌方对代理的服务没有跟上，品牌方主要指望团队领导服务自己的代理，而品牌方的客服在服务代理方面没有起到应有的作用。

微商客服除了服务顾客，更主要的是服务好代理，因为代理是微商项目能否持续和裂变的核心。服务好代理，就能稳定军心，不仅可以让品牌稳健发展，还可以让其团队不断裂变壮大。

现在更多微商品牌将服务代理的重任交给了团队领导，这存在哪些问题？

（1）很多团队领导服务意识和服务水平不强。这就导致他对团队的服务不到位。很多代理因为不被重视，需求未能及时解决，放弃了该品牌，或加盟了其他微商品牌。我这个操盘手朋友其品牌代理流失严重，主要就是因为这方面的原因。

（2）代理服务完全靠团队领导，导致品牌和代理的黏性很低，代理缺乏忠诚度。

大部分微商品牌主要靠团队领导来服务其代理。这导致代理对团队领导依赖性很强，对品牌黏性很低。

这很好理解。黏性靠情感维系，而情感则靠平时的点滴服务和相处维系。团队领导和代理平时的接触最多，情感联系频繁，代理自然对他的黏性、忠诚度高。

所以，我们经常看到，某大团队长离开后，会带走品牌方一大半代理，品牌方代理团队几乎被抽空。

那么，如何处理好这个棘手问题？增强微商客服人员服务代理的作用。具体如何做？

1. 增加代理退出的成本

有品牌方曾向我抱怨，说他们团队有几个大团队长出走了，该不该严惩他们？我回复道："那要看品牌方和代理签订合作协议时是否定好相关规定。如果有相关惩罚规定，按照规定来办。如果没有，你就没有理由惩罚他们。"

品牌方需要事先定好相关规则：如果代理退出项目，他需要付出一定的代价。但要注意，这个代价要合理，代价太低，缺乏约束力；代价太高，会增加代理加盟的顾虑。一般来说，代理退出时扣除加盟费的 30%～50% 较为合适。

2. 提升服务代理的能力

品牌方可以事先和代理约定好，他们发展的代理他们自己可以建代理群，但前提是这些代理要先进品牌方统一建的代理群，接受品牌方的统一服务。

这样品牌方就可以面向所有代理增强社群的运营和服务。

3. 发挥素材号的作用

代理为了获得更多发圈素材，会加品牌方统一提供素材的微信号，即素材号。品牌方可以充分发挥素材号的作用，让素材号成为客服号，提升其服务代理的作用。

客服号必要时可以群发微信给代理，同时还可以匹配相应的电话号码，需要时群发短信给代理。

7.2　借力服务吸引代理的 5 大阵地

7.2.1　互联网营销：借力网络吸引代理

身边有些传统企业家朋友，之前不屑于做微商，但看到某些传统大品牌进军微商了，因为信任这些品牌，所以也加入了。传统企业做微商优势很明显，影响力、人脉、渠道都有。但他们的短板也很明显，就是缺乏互联网思维。他们看到 80 后、90 后利用互联网，在没有太多优势的情况下依然将团队做强做大，很羡慕。因为传统人脉毕竟有限，而互联网这片大海流量巨广，拥有无限可能。

而我身边很多 80 后、90 后微商团队长在互联网思维方面确实有一定优势。他们借力互联网打造个人品牌和影响力，吸引潜在粉丝，在将其加为好友后，会进一步将其转化为顾客和代理。所以，如果想做好微商，需要借力网络做好精神和信息服务，以此来吸引潜在代理。

比如，我有自己的博客、微博、抖音账号，我经常会在上面更新一些文章或视频，积累我的粉丝，打造个人品牌和影响力。

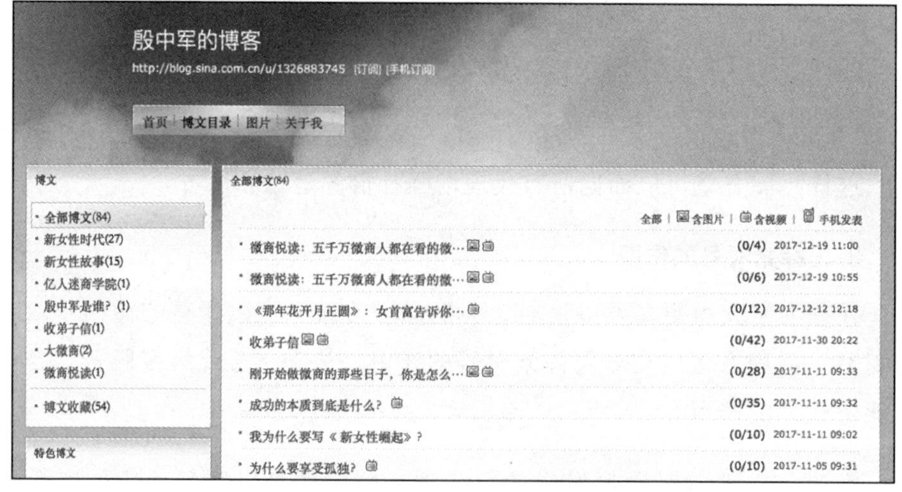

粉丝在网上通过文章、视频，了解了我们的思想、愿景、使命、价值观等，与我们同频的人自然会被吸引，并主动加我们为好友。本质上，互联网是一个放大影响力的工具。利用传统方法，想为客户提供精神和信息服务，会受时空限制，能服务的人很有限。互联网打破了这种时空的局限，扩大了服务的人数。

具体如何借力网络做好精神和信息服务以吸引代理？

1. 掌握一些线上引流方法

线上引流方法有百度系、腾讯系、阿里系、博客、微博、短视频、直播等。

以百度系为例。百度霸屏在微商界比较火。借助它，粉丝在百度搜索你的名字或代理品牌时，会搜到很多和你及你的团队相关的信息。这些信息中可以包括你的创业故事、出席某些重要活动的媒体报道、创业机会等。其中创业故事就是你为网友提供的精神服务，而媒体报道、创机会是你提供的信息服务。当然，很多时候，精神服务和信息服务会混合在一起，界限不太明显。

百度霸屏比较适合品牌方、团队或打算创建团队的微商伙伴。

具体操作方法，在《我是微商：月入 50 万修炼笔记》中有详细介绍，这里不再赘述。

2. 明确使命、愿景、价值观

一家企业、一个团队，如果想长久稳健发展、基业长青，一定要有自己的愿景、使命、价值观。

很多网友正是被你的使命、愿景、价值观所吸引，才成为你的忠诚客户，加入你的企业、团队。

充满正能量、有伟大梦想的使命、愿景、价值观，能吸引大才，同时也能提升客户、代理的黏性。

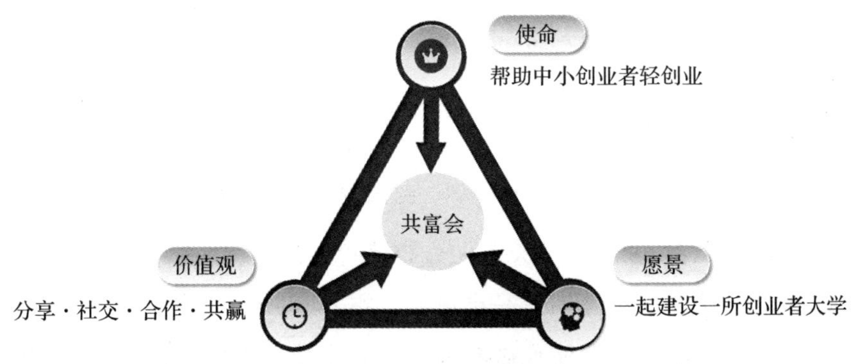

社群“共富会”的使命、愿景、价值观

3. 给出立即行动的原因

作为一个品牌或团队创始人，你需要懂人性、人心。除了用你的创业故事、使命、愿景、价值观、创业机会打动代理外，还要学会给出立即行动的原因，促使代理立即做出行动。比如，现在加我微信有惊喜；加入我们团队有福利赠送。具体的行动原因需要根据品牌、团队具体情况进行。

总之，在借力网络做好精神服务和信息服务的同时，还要给代理一个立即行动的理由。

7.2.2 朋友圈营销：借力朋友圈吸引代理

我有位南京大学的学姐，是名公务员，受环境影响，也做了微商。学姐申请了个新微信号专门用来做微商。但让我哭笑不得的是，她的微信头像是个狗的照片，估计是她家的宠物狗。其实这也是很多新人刚做微商时常犯的错：用宠物或宝宝的照片做微信头像。这类头像对微商帮助不大，用本人照片作头像更容易建立与客户的信任。

微信发展至今，已有数年历史，但仍然是一个流量庞大的社交型移动互联网平台。很多网友加了你为好友，首先会查看你的头像、个人签名、朋友圈。因此，我们要重视朋友圈的打造，做好精神和信息服务，用我们的温度、专业、实力将微友转化为客户、代理。

具体如何做？

1. 先从昵称、个性签名、微信头像、封面相册、朋友圈等方面打造个人品牌

我经常建议身边的微商伙伴优先打造个人品牌。因为移动互联网时代，你的个人品牌比代理的产品更重要，更长久，更能建立客户的信任和黏性。有了个人品牌，即使你做其他项目、事业，你的客户、代理依然会追随你。

如何打造个人品牌？你的昵称、个性签名、微信头像、封面相册、朋友圈要能帮你建立行业专家、成功人士的形象。这部分内容在前几本“我是微商”中有详细介绍，这里不再展开。

2. 定期更新朋友圈

做微商，三天打鱼两天晒网显然很难成功。微商每天都要更新自己的朋友圈，即使没什么可发，或者当天不想发，也要坚持发圈，哪怕只发一条生活感悟。

别以为你的朋友圈不重要，其实很多微友都在观察你，在关注你。你的坚持才是不断转化他人的真正武器。

我现在每天都会更新至少一条朋友圈，而且每天必会分享一条我的感悟。一来是为微友提供价值，二来是为了告诉别人我一切安好，三来是打造我的个人品牌。

3. 做好朋友圈的精神服务、信息服务

朋友圈是微友认识和了解我们的地方，是我们和微友之间建立信任的第一道基石。同时，朋友圈也是我们为广大微友提供服务的重要窗口。我们希望在微友心目中留下什么印象，就要营造什么样的朋友圈。

朋友圈的服务包括精神服务、信息服务。你的生活感悟、创业故事、品牌故事、团队故事、客户故事，为你的微友提供了精神食粮。你发布的时政新闻、行业趋势、产品（用处、使用方法、注意事项等）、事业机会等，为你的微友提供了大量信息，让他们节约了获取信息的时间和成本。

朋友圈内容打造，重点要学会各种“晒”。如何晒？

- 晒生活——用生活展现真实的我。
- 晒产品——证明自己代理的是正品行货。
- 晒体验——他们都在用我的产品。
- 晒互动——客户说好才是真的好。
- 晒收入——跟着我干一定有“钱途”。
- 晒安心——买得安心用得也放心。
- 晒团队——证明你的能力和魅力。
- 晒社交——表明你资源多人脉广。
- 晒知识——塑造专业的个人品牌。
- 晒情感——让情感引发感性共鸣。
- 晒努力——奋斗者会吸引同频者。
- 晒咨询——主动解除客户的疑虑。

7.2.3　公开课：讲好创业故事吸引潜在代理

公开课一般都是在线上进行，是微商品牌方、团队长必备的能力，也是团队快速成长、迅速裂变的重要催化剂。

公开课除了讲品牌、创业机会外，还必须要讲创业故事，尤其是品牌方创始人、团队长自己的创业故事。很简单，做微商的都是创业者，创业者的故事更容易引起他们的共鸣，而自己上级的创业故事，因为是微商身边人的故事，会显更真实，作用自然更大。你的创业故事其实是你为代理提供的精神服务，对他们而言，是榜样、激励、支撑。

那么如何才能讲好创业故事？有没有什么框架和方法呢？对于创始人，我推荐用 3 个步骤来讲自己的创业故事：

1. 跌入谷底——讲一个我受够了的故事

故事开头可以讲你过去的经历，讲你如何跌入谷底的故事，讲一个让你紧张、压迫、痛苦、难过直到受够了的故事。你要充分展现在过去那个时间点的感受。

情绪非常重要，一个优秀的演说者，在讲故事的过程中，最忌讳的就是没有感情地去叙述，这样听众没法被激活，没法被感染，更没法连接。所以一定要带着情绪去讲你那个受够了的故事。

有人可能会说：我没有跌入过谷底，怎么办？其实这只是一种形容。一个人开启创业之旅，总有一些原因，有人是事业变动，有人是生活变动，就算都没有变动，做微商前也会有思想的变动和挣扎，这也可成为"受够了的故事"。

2. 触底反弹——十全十美的一天

当你的情绪爆发后，你就可以转到另一个故事，开始讲你现在是如何改变的，你是如何触底反弹的，讲述你的解脱之道。你可以从人性中"逃避痛苦，追求快乐"这个共性展开。

在这里有一个关键点，那就是我们需要在故事中设计一个人物，那就是你的"贵人"，其实就是你的微商引路人。你就是通过这个贵人推荐的产品或事情发生了改变。你要通过贵人之嘴来提前解除客户、代理对你的抗拒，用第三方去讲述你要传播的产品信息、创业机会，用贵人说服故事的主人公的故事来说服读者。

故事要有针对性，也就是你在创作故事前应先明确要达到的目标，还要确定大体的读者群。例如，你的目标是让读者刷卡买单，那你的故事就可围绕自己曾经刷卡买单的经历展开，最好其中穿插你与"贵人"的对话，故事要把你如何抗拒买单，"贵人"如何帮你解决顾虑，你的心理是如何变化的都写清楚。在故事中，一定要把产品价格写出来，这叫作提前报价，又叫隐形报价。在故事中报价，可以让客户通过故事不知不觉地把价格放入自己的潜意识中，这会为最后激活种下关键的种子。

3. 升华主题——升华你的故事

无论什么样的人，无论一开始他们怎么无动于衷，总会有一样东西让他们行动，那就是你做事的动机和背后诉求的“爱”。在故事中把你的追求、你的理想升华到一定的高度，让你的爱传递出来。只有爱，才可以融化一切；只有爱，才可以打动别人；只有爱，才可以获得每个人的支持。

记住，你想别人为你做什么，你就练成他心目中曾经那样做的那个人：你想别人刷卡，你就要讲述一个你曾经刷卡的故事；你想别人为你投资，你就要先讲一次你投资别人的经历……

以下是讲好故事的曲线图。

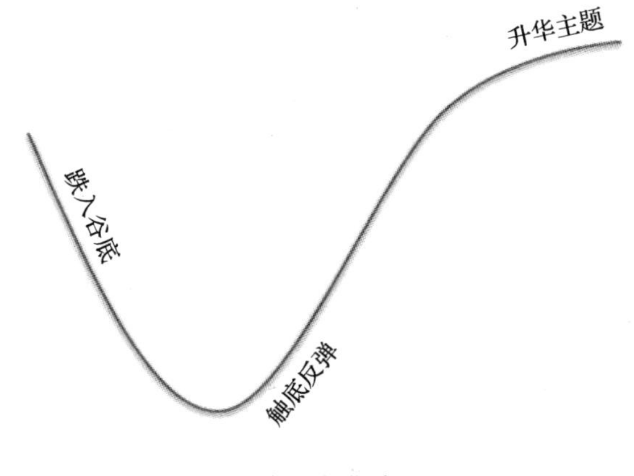

讲故事曲线

下面你看我如何通过这三个步骤讲我自己的创业故事：

我出生于江苏盐城，小学时，我就想长大后成就一番事业，让我的家人、亲人、朋友因我而自豪。

跌入低谷

我本科和研究生学的都是临床西医。研究生生涯结束后，我做了一段时间的产品经理。但那段时间我并不开心，因为那份工作不是我喜欢的。

当我认真读完美国思想家拿破仑·希尔写的《思考致富》等一系列书

籍之后，突然有种开悟的感觉，明确了自己的事业方向——当电影导演。

自从确定好进入影视行业之后，我开始自学写剧本。因为我很清楚，我不是科班出身，想一步到位直接当导演难度很大，而写剧本是个不错的过渡（借鉴李安）。

这期间我一边拍微电影，一边写我的院线电影剧本。幸运的是，在我的努力下，我写的电影剧本之一男版《失恋33天》——《失恋特烦恼》找到了投资。那时我突然觉得自己离导演梦是那么近。我想，天道果然酬勤，有心人天不负！

确定要合作后，投资方想请当时当红小鲜肉李某当男一号。我当然求之不得。因为我深知明星对电影的重要性。那段时间我真的觉得导演梦近在咫尺，唾手可得。我开始畅想，当了导演，有了名气后，我要让母亲安享晚年，她养育了我几十年太不容易了；我要让我的家人轻松点，是他们一直在支持我、鼓励我；我要尽我所能为这个社会贡献我的力量。那段时间，我半夜都能笑醒，整个人像打了鸡血似的。

然而，到头来这一切只是幻想。因为投资方联系了李某，没想到李某的市场价是2000万元，投资人嫌要价高，于是这个项目就不了了之了。我空欢喜一场，此时我这才意识到，在没有足够多的资源、人脉之前，想做电影导演，成功率非常低。

为了电影梦，我花了很多时间、精力，这期间没有任何收入，还投了不少钱。

我受够了，作为一个男人，经济不独立！
我受够了，作为一个儿子，不能让母亲安享晚年！
我受够了！我受够了！我受够了这一切！
于是我打算先创业，减轻家庭的负担，实现财富自由。

但创业具体做什么，我却找不到方向，我不知道该何去何从，不知道以后的路该怎么走。我感到很迷茫。

那段时间我整天窝在家里，晚上久久不能入睡，早上却会很早醒来，为自己的前途迷茫焦虑，内心也是异常压抑苦闷。我的家人为我操碎了心，他们甚至担心我得抑郁症，怕我想不开。

触底反弹

正在我迷茫无助的时候，我幸运地遇到了我人生中的一个大贵人——我的恩师徐东遥老师，他把我领进了移动互联网营销领域，让我成为一名移动互联网营销导师。我明确了人生方向，不再感到迷茫无助。

为了做好营销导师，我开始学习演说，学习营销技巧，在这段时间里，我接触到很多优秀的演说家，发现他们有一个共同点：在成功之前，他们绝大多数投资都用在了增强自己的大脑上，因为他们觉得这才是最划算的投资。我坚信成功是可以复制的，如果我想取得像他们一样的成就，除了自己努力，也要舍得投资自己的大脑。所以我花了近20万元去拜师学艺，向更多贵人学习。事实证明，跟着名师学习让我少走了很多弯路。而对于短暂的生命来说，时间才是最宝贵的。

经过学习和努力，我从一个内向、不善言辞的人，成为一名演说家。以前人多的时候，我一说话就脸红，现在我敢站在舞台上面对几百人甚至几千人进行公众演说；我从一个在移动互联网领域默默无闻的人，成为一个知名人士，我出版了人生中的第一本书，我成为很多人都知道的营销导师。我的人生彻底发生了改变！

当然，在这个过程中我还是遇到了不少挫折。而且我发现，对于大部分人来说，只要想取得哪怕一点点成就，都必须付出相应的代价；我还发现，只要付出足够的代价，每个人都能成功，若是还暂未成功，那只是因为付出的还不够多。所以，大多数人面对的选择是愿不愿意用足够多的代价换取自己想要的奖赏。大众往往只看到成功者在舞台上的光鲜，却看不到他背后吃的苦、流的汗。

在用代价获取成功的过程中，若是有贵人相助，那么所要付出的代价会减少很多，因为贵人会告诉我们哪些是弯路，哪些是坑。很庆幸，我遇到了我的贵人，是他让我找准了人生的方向，领我走过了最艰难的那段路。与之前没有贵人指点的拍电影之路相比，这段营销之路走得那么让我意气风发、信心满满。

所以说，在人的一生中，遇到一个能帮你指明人生方向、帮你少弯路的贵人是如此重要！

升华主题

当我找准了自己的人生方向、改变了自己的命运之后，发现这个社会上还有很多人像曾经的我一样，他们迷茫且无助。有些人甚至付出了几十万、几百万的创业资金，最终还是铩羽而归。回想曾经的自己，再看看现在的他们，我的心一阵阵刺痛！

于是我发愿，我要帮助千千万万迷茫无助的伙伴，帮助他们少走弯路，帮助他们尽快主宰自己的人生。

我发愿，我要帮助 100 万伙伴进入移动互联网领域进行创业，帮他们增加业绩，帮他们裂变团队。

我发愿，我要帮助创业者打造个人品牌，让他们去影响和帮助更多人，帮助更多品牌、团队搭建商学院。因为一个人的力量是有限的，只有发动千千万万的人，才能影响和帮助更多人，让这个社会变得更美好！

上面我讲的这个自己的创业故事，先重点叙述了我跌入低谷的过程，撰写这部分的目的是让读者产生共鸣，产生代入感，拉近我和读者的距离。我们大部分人都是普通人，都会遇到自己的低谷期，那种迷茫和无助应该都是类似的。成功的故事每个人都不同，但是失败的彷徨所有人都是相同的。

无人愿意跌入低谷，更不会有人愿意长期待在低谷，所以人们开始准备奋斗，但是大多数人都找不到方向，就如故事中的我一样。此时，我引出了这个故事的主题——贵人的帮助。故事中提到，要成功需要贵人的指点，需要投资大脑，这就为我讲这个故事的真正目的——找我来帮读者创业，埋下了伏笔，这便是触底反弹部分的真正目的，用潜移默化的方式去教育读者，把我们要表达的内容以春风化雨的形式偷偷放入读者的潜意识中。

进入主题升华部分，要给自己设立一个更宏伟的目标。比如我获得阶段性成功后，不满足于个人、家庭的成功、幸福，我的社会责任感被激发，我想帮助更多人成功，我想让社会更美好，这时的我在读者脑海中应该是金光闪闪的，是高大的。此时我直接给出我的价值主张——我要帮更多人创业，帮更多人去扩展团队，增加业绩，读者会非常认同我的观点，也会认可我这个人，若他们有这方面的意愿，自然会主动来找我。这是水到渠成的事。

大家学会用这三个步骤讲自己的创业故事、团队故事、梦想故事后，会发现讲好故事原来这么简单、有趣。

7.2.4　直播：放大服务影响力的利器

随着移动互联网时代分享工具的升级，现在很多微商伙伴已经开始通过直播吸粉，为自己的粉丝、客户、代理商提供服务和价值。

比如我的老师东遥老师会定期做直播，为广大粉丝和微商伙伴答疑解惑，提供价值。当东遥老师通过直播为伙伴们提供营销知识，帮他们提升业绩、裂变团队，最终实现后，这些微商伙伴会因为崇拜、感动、感恩成为他的铁粉。而且因为直播的巨大受众量，在同样的时间可为更多的人提供服务，也就是说东遥老师通过移动互联网放大了他的价值，这自然会提升他的品牌知名度，扩大他的影响力。

1. 微商直播的好处

（1）**解除用户疑虑**。微商可以通过视频直播解决用户对产品的疑惑，还可以展现产品的具体结构、性能、优势，也可以展现品牌的实力和认证信息等。利用网络视频直播，可以有效解决信息不对称问题，用户不用到现场就能直观看到并了解产品，更加便民。最主要的是这个过程会被直播间中的所有人看到，会影响更多人。

（2）**消费过程清晰化**。在过去，我们为“结果”消费，只吃鸡蛋而不会去关心下蛋的母鸡。现在我们不但关心结果，还要关注“过程”。吃鸡蛋之前，我们想了解鸡的生活环境与健康问题。比如，现在在餐厅吃饭，我们会越来越关心食物的烹饪过程，关心厨房的卫生状况。而以上这些过程，都可以通过直播的方式来呈现。做微商也是如此。品牌方可以将产品生产的过程通过直播展示给客户和代理，让他们对产品放心。微商可以通过直播为客户进行产品示范，借助移动互联网的力量让更多的人有机会看到产品的功效、亮点，通过批发式产品示范，提升营销的效果。

（3）**提升客户体验**。通过直播可以让客户更直观地感受到产品的亮点和功效，提升客户的体验质量。以化妆品为例，微商仅通过文字介绍化妆品的好处，客户不一定能完全理解，也不能直观地看到所谓的好处到底在哪里，这样的转化率自然不会高。这时候，直播的作用就格外明显了。通过主播一步步展示，渐渐从素颜到化妆完毕，强烈的对比效果，既让观众既看到了你说的好处，又刺激了观众的购买欲。

（4）**扩大品牌宣传力度，传播更快、效果更好**。现在已经进入眼球经济时代了，没有推广、宣传，品牌很难成功。品牌视频直播营销的优势非常明显，而且市场潜力巨大。

（5）**打造个人品牌**。微商要想做好、做大、做强，一定要打造个人品牌。君子性非异也，善假于物也。借助移动互联网的传播力度，我们能更快地打造个人品牌和影响力，一旦我们的影响力打造出来，将会吸引更多粉丝、客户、代理。

2. 常见的直播平台和直播内容

常见的直播平台有一直播、YY 语音、掌门、花椒、斗鱼、映客等，除了 YY 语音，其他直播平台都具有直播回放的功能。

在直播的过程中，我们可以要求听众帮忙将我们的直播链接转发到朋友圈，吸引更多听众。

目前微商直播分享的内容主要有三类：

教育培训类

该类直播主要是针对品牌微商和个人微商。

很多微商教育培训机构或讲师会通过直播为微商分享操作方法和技巧；也有微商团队为代理和意向代理培训创业方法和团队文化；部分微商品牌也会借助直播宣传自己的品牌文化、价值观、招商政策，以扩大品牌的影响力，并借机招商。

解答服务类

该类直播主要是为代理商和客户提供答疑解惑的服务。我们通过直播可以为客户讲解产品的功效、使用方法、注意事项，为客户进行产品示范。

现场报道类

该类直播主要是微商品牌方、团队举办活动时进行的直播。

通过该类直播，我们可以让更多没有时间和机会参加本次活动的粉丝、客户、代理商通过线上直播感受到活动的氛围，扩大活动的影响力和传播力。

当然，好的直播前提是要能为目标观众提供价值，只有有价值的内容才能传播得更广更远，也才能形成口碑，吸引更多人参加。

7.2.5　微信群：线上服务的核心阵地

移动互联网时代，微信群是我们玩转线上服务营销的主要阵地。

按照服务对象的不同，我将微信群主要分为三类。

1. 粉丝群

粉丝群中是还没有向我们购买过产品或者还没有代理我们产品的微友。

在粉丝群中我们定期为其分享一些专业知识，前提是这些专业知识要对客户有用。比如，我们是卖大健康产品的，就可以定期分享一些关于健康的专业知识；如果我们是卖化妆品的，就可以分享一些美容护肤的知识。除了分享知识外，还要刻意引导微友展开与我们的产品相关的问题讨论，在微友的讨论过程中我们要充当专家角色，不要过多表述自己的观点，只需要在合适的时候引导讨论方向，并做阶段性总结。

无论是分享知识还是引导讨论，都是在向微友普及我们的产品知识，同时建立我们的专家形象。等建立了一定的关系后，我们再找机会将这些粉丝转化成我们的客户或代理。

2. 客户群

客户群中是已经向我们购买过产品的客户。

建议对客户群按客户购买产品的品类继续细分成多个群。比如，我们的品牌实行多元化战略，这就意味着我们可能会代理同一品牌不同品类的产品，如既代理化妆品，又代理保健品，这时候我们要将客户分为化妆品和保健品两个大群。

针对客户群，分享的内容应直接一些，也就是直接围绕产品展开。我们可以定期为客户分享一些专业知识、产品使用方法、产品使用注意事项等他们觉得有用的东西。上新品时可以将最新的新品优惠发布到群中，刺激客户的购买欲。

我们也可以安排一些使用产品后觉得效果不错的客户在群中进行分享，作为客户见证。这些分享的客户一定是对我们的产品和服务很满意的客户，真心认可我们的人和我们的产品，这样分享时他们才会发自内心去赞美。如果客户本身是某些行业中的精英和权威人士，那分享效果就更好了。

我们可以将客户群中的客户按照购买的次数进行标注。比如，购买一次、二次，分别标注 V1、V2，依此类推。这样便于我们后期进行客户大数据统计、整理和分析。

3. 代理群

代理群中是已经成为我们代理的伙伴。

我们可以定期在群中分享如何销售、维护客户、招募代理的知识，为我们的代理商提供与变现和客户相关的服务。

众所周知，榜样的力量是无穷的。我们也可以定期安排一些进步较大的代理伙伴做群分享，通过树立榜样和标杆激励团队的士气和战斗力。

7.3　团队领导降服代理的八大招

代理吸引过来了，我们若是不能设法留住他们，之前所做的一切都会竹篮打水一场空。所以如何“降服”代理就成了关键一环。这里分享降服代理的 8 个大招。

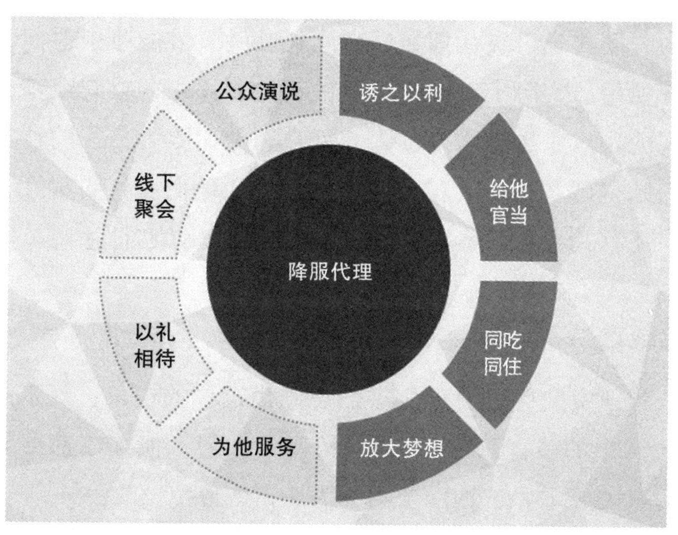

团队领导降服代理的 8 个大招

7.3.1 诱之以利

利益是人们加入团队最直接的原因。“不和你谈薪水的老板，不是好领导”，这句话很大程度上反映了只有诱之以利，才能抓住人才的心。

在心理学中，有一个非常著名的概念叫“心理账户”。这一概念由芝加哥大学行为科学教授理查德·塞勒在 1980 年提出，随后心理学家们进一步通过研究发现，每个人的潜意识当中都存在着心理账户，心理账户的存在影响着人们用不同态度对待不同支出与收益，从而做出不同决策和行为。

在微商团队经营中，心理账户的存在意味着：领导者的利益诱惑是否能满足团队成员的心理账户需求，将直接决定团队内人才的积极性和努力程度。

因此，从代理需求出发，适当地为他们推出具有刺激性的奖励措施，根据业绩设立相应奖项，或者对需要利益回馈的代理给予特别优惠政策等，都是领导能够使用的吸引代理的方法。当你的利益调配手段超过了人才的期待，自然也就能让他们死心塌地为团队服务。

当然，利益诱惑中的“利益”并不是只有金钱一种形式。团队领导不应盲目认为只要给予下级代理足够的金钱奖励，就能吸引他们去为团队建设贡献全部力量。实际上，真正有效的利益刺激中，只有最基础的部分是以金钱呈现的，对于更高水准的人才而言，他们更为关注的利益还包括发展机会、人脉资源、社会荣誉等无形利益，让他们看到团队除了提供金钱奖励之外，还有其他利益奖励，这些更加容易打动他们。

7.3.2 给他官当

在团队管理实践中，心理学家们总结出这样的现象：员工一旦有了头衔，成为团队中的“官”，不管其职衔虚实如何，他往往都会努力去适应这一头衔的有关要求。这种现象被称为头衔效应。

微商团队应充分利用这一效应，让人才愿意在团队中更充分发挥力量。很多情况下，即便金钱收益相同，但只要给人才与其能力和成绩相对应的“职衔”，成为团队中的“领导”，他就会因此而更加努力。

在许多成功的微商团队中，有多种“官职”“官位”，既有官方、总代、总监等传统称谓，也有“五虎将”“七仙女”等传统色彩浓厚的头衔，还有“×× 团队第一主持人”“×× 团队第一 DJ”“×× 团队十大金牌讲师”等带有荣誉色彩的职衔。

其实，这些职衔并不能让代理直接获得更多金钱，但却能激发他们的工作热情。这是因为职衔如同标签，当一个人获得了这样的标签，传递的暗示就是“团队认为你很优秀”“领导认为你很重要”，当他们再做起事来，也就自然希望自己可以“实至名归”。

什么样的人才，最适合用头衔来吸引与激励呢？

（1）**渴望利用头衔获益的代理。**头衔是一个人被社会认可与肯定的直接标签，在人们进行社交时，缺少头衔或者头衔较低较少的一方，总会或多或少感到被冷落。尤其在微商行业中，拥有一定的职务职衔，等于向客户宣布，自己是团队内非常重要的人物，相当于给客户增加了服务衍生价值。正因如此，许多代理都会重视头衔，并渴望得到能提升自己在工作、社交、学习中的官位。

（2）**缺乏自信心的代理。**如果一个代理表现出某种程度的缺乏自信心，很可能他们需要的不是一两句缺乏实际意义的鼓励，而是一个实在的官衔官位。实际上，一个人之所以缺乏信心，很大程度在于其所处的环境没有对他表现出应有的尊重和承认。而领导者恰好可以根据代理的特长，赋予他们应有的头衔。例如，代理有着独特的唱歌才能，就可以将他封为团队内的“最佳歌手”；代理有着不一样的文字能力，就可以将他封为“×× 团队最佳文案”等。这样，即便他们并没有担任什么实质性的职务，也会从中收获自信，并更因此喜欢团队氛围。

（3）**缺乏领地意识的代理。**如果代理在团队中总是感到没有自己的领地，则他们就不会将个人利益同团队利益紧紧捆绑在一起，甚至感到自己和普通的打工者并没有什么区别。

针对这些代理，可以让他们除了担任本级别代理的相关头衔之外，再担任一些横向小组的负责人。例如，拥有美术功底的可以担任“美工组组长”，新代理可以担任“新代理群群主”等。这样代理就会产生强烈的领地意识，并形成充分的责任感。

7.3.3 同吃同住

从心理学上来看，两个人在一起生活过，很容易产生通过普通社交行为无法产生的亲密情感联系。虽然异性不能依靠如此手段进行激励，但同性上下级之间可以利用这一点强化吸引力。

例如，我的社群中，曾经有伙伴向我反映，说自己跟踪了一个特殊人才。他跟随其沟通交流已经长达两个月的时间。实际上，沟通过程始终非常顺畅，对方对加入微商团队进行创业也很有兴趣。但是短短一周后，新人最终加入了其他团队。原来，另一个团队的代理和新人共同报名参加了一个课程，长达七天的时间里，他们共同上课学习、住在同一个寝室，每天除了课程中的 PK，还一起写稿子、相互修改、相互辅导……

这个案例说明，共同生活是形成真正重要联系的基础。共同生活就很容易找到机会强化交流。例如，许多白天不适合交流的话，就可在晚间表达；许多正式场合无法表达的内容，在休闲时却很容易积极到位加以传递。

总之，在微商团队中，积极利用旅游、培训等机会，找准场合与你重视的人才共同生活，这样才能建立起积极的强关系，并因此产生充足的吸引力。

7.3.4 放大梦想

每个人心中都藏着梦想，但由于种种原因，许多人并不愿意拿出来和别人分享。微商团队领导的出色之处在于，能看穿下属的伪装，将他们的梦想从隐秘之处发掘出来，放大后再放到其眼前。这样人才会被自己的梦想感动，并激发出真实潜力。

团队领导们利用梦想去激励代理，就是要激发每个成员内心的追求，并让他们自己亲身感受到这种追求的可贵。

那么，微商领导者如何为团队成员放大梦想、实现梦想呢？

（1）**要将梦想用信物形式表达出来。**在现实生活中，每个人都有自己的梦想，都不甘于平庸，然而，过大的压力、枯燥的生活工作都在压制着梦想。微商领导者的工作就是找出一种信物对梦想加以展示，从而激发代理的潜在希望。因此，信物必须直接、形象，比如代表财富的豪车、别墅、奢侈品，代表亲情的家人未来可能过上的生活。当然，在团队成长到一定阶段，许多人都已拥有了财务自由之后，信物的选择就应该更为倾向于内在的心灵追求。

（2）**要将梦想同代理情感联系起来。**当你为代理设计出明晰的梦想蓝图之后，还要将之与他们的情感需求联系起来。例如，让代理希望为家人过上更好的生活、带着父母去国外旅游等呈现出来。这样代理就不再是追求金钱的初级阶段，而是追求更为高级的美好情感本身。

（3）**梦想要具有一定高度。**为团队制定的目标应该是可以触及的，这样才能成功激励代理朝目标努力。但为他们放大梦想时，应该尽量让梦想显得难以置信、难以实现。这是因为越“高大上”的梦想，越会让代理们心神向往。他们纵然知道自己在短期内无法实现，也会在内心留下长久的期待，并甘愿为此持续努力奋斗。

7.3.5　为他服务

团队领导并不只是团队成员的上级，尤其在微商团队中，只会对成员耳提面命的领导，难以营建出积极和谐的工作环境。团队领导必须为成员全力服务，做他们事业上的支援者和引导者。

为什么团队领导应该为代理服务？这是因为许多加入微商团队的人，

都有其独特性格、出众才能，在内心，他们都觉得自己是独一无二的，有着强烈的自尊需求。与此同时，由于种种主客观原因，在过往的社交生涯中，他们的需求并没有被满足，而一旦在微商团队得到了独特的关照与服务，他们自然会对这里产生强烈的好感。

另外，微商团队与其他企业最显著的不同，在于客户和合作伙伴的一体化。在微商行业中，消费者与营销者集中在同一个人身上，代理既是你的客户，也是你的合作伙伴。最好的代理往往就是你最好的客户，最好的客户也很可能就是你明天最好的代理。因此，如果不能服务好代理，那么人才的流失会直接带来客户的减少。

当下，微商团队领导需要真心诚意为下属服务。当我和代理沟通交流时，我总是会为他们斟茶倒水，也经常为他们按摩肩膀借以放松。这样做的好处很快体现出来：不仅代理同我有了良好的私人关系，而且代理之间互相服务、互相照顾的风气在群内盛行，从而使团队凝聚力更强。

1. 服务代理的原则

下面是为代理服务的重点原则：

（1）**领导要树立服务意识**。成为微商团队领导，并不代表着位高权重，而是要尽量体现出领导的责任和使命。领导除了为团队指明前进的方向和目标，还要明确自己可以具体为成员提供哪些服务。例如，明确在出现问题时，需要怎样及时制定相应处理措施和调整既有方向；怎样与下属协调，怎样解决下属的需求等。

（2）**借服务拉近距离**。在与代理友好相处和沟通中，领导能够听到更加真实的来自代理的声音，此时所形成的决策和建议，能够更加有助于团队发展。在为代理服务时，应该抓住机会，去向代理灌输目标意识，促进团队统一价值观的形成。

（3）**用服务态度吸引代理**。许多微商团队中的代理之所以会选择离职，除了利益关系之外，还由于无法感受到来自团队内的关心。领导用积极的服务去吸引代理，让他们感到团队如同家庭一般温馨，他们就不但不会有落差感，还会产生强大的支持力，借此推动自己为团队长久服务。

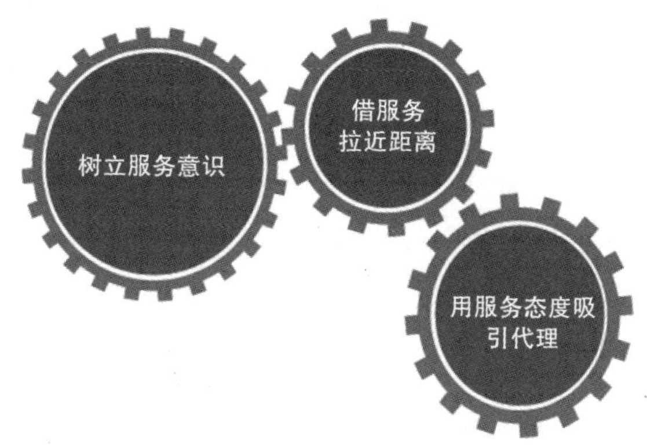

为代理服务的重点原则

2. 服务好代理的方法

如何做好代理服务？

（1）**提供舞台**。团队领导要学会关怀人才，为他提供大舞台，帮他一起实现大梦想。在我所在的社群三周年线下年会上，两位创始人亲自做年会主持，每当有伙伴要上台分享时，两位创始人中的一位会上台介绍他们，塑造他们的形象，为他们创造良好的分享氛围。当他们上台分享时，两位创始人还会亲自将他们的微信名片推送到年会群中，并再次将他们的基本资料发送到微信群中。千万别小看两位创始人的做法，经他们塑造、推送名片之后，会吸引更多群友主动加分享者的微信。当他们亲自为自己的伙伴、人才主持，塑造他们，帮他们吸粉时，这些人才会记得他们的帮助，会更加真心拥护他们。两位创始人通过亲自为自己的伙伴服务，既收人又收心。

（2）**定期沟通**。团队领导可以经常和自己的代理通通电话，了解他们近期的情况和想法。其实，很多时候，想降服我们心目中的大才，不一定要花费多少金钱，主要看我们有没有这份心，愿不愿意放下架子为我们的人才服务。

（3）**定期关注朋友圈**。团队领导应定期查看代理的朋友圈，从朋友圈中了解他们近期的动态，发现他们存在的问题，以及他们的闪光点。代理的优点要表扬，存在的问题要指出，并帮其完善。通过这样细致入微的服务，代理会觉得我们是一个很有责任心、很细致、很用心的团队领导，他们必然会非常敬佩和感激，也会加倍努力和付出。

人心都是肉长的，我们的服务和用心代理都看在眼里，也都记在心里，时间一长，就是铁打的心都会被融化，更何况人心？

7.3.6 以礼相待

无论是第一次见面的团队新成员，还是在同一个团队中长期相处的老成员，团队领导都应对他们以礼相待，以良好的关系来促成亲密的合作关系。

所谓以礼相待，主要包括两种：

1. 赠送礼物

向成员赠送礼物，要抓住他们内心需求和集体文化特点。例如，团队代理以中年女性为主，可以向他们赠送以幼儿产品为主的礼品；另外，节假日、生日、年会、业绩考核等时间点，也是赠送礼物的良好机会。

选择正确的送礼内容、时间和形式，才能让礼物产生的激励与吸引效能更长更大，留下的印象也能更加深刻。

2. 礼貌礼仪

除了实物礼物之外，对待代理的态度也能决定团队在他们眼中的分量，影响他们看待领导者的方式。

除了基本的礼貌礼仪之外，领导者对代理还应该有更加周到的内部礼仪。例如，在群内组织集体欢迎、在线下聚会时重点推荐等。总的原则是让下属感受到别处没有的热情，以使他们发自真心地喜欢这样的集体。

当然，具体到如何以礼相待，针对不同的人，又有着不同的内容。

礼，实际上就是人们各自内心认同的行为规范，是在思想上对他人和自己行为所划定的秩序。但是，每个人的认知各有不同，个人习惯也不同，故对礼貌礼仪的理解也会存在一定差异性。在对待代理的过程中，领导者即使有种种好心，也要站在对方立场，尊重他们的习惯，从而让所有人都能因此感到心情愉悦并被深深感动。

7.3.7　线下聚会

微商团队在线上进行沟通、传播，享受到了移动互联网带来的技术便利。然而，这并不意味着微商团队只需要搞线上活动，利用线下聚会，与下属面对面交流，可以确保领导者更为了解代理的需求，保证团队的凝聚力。

更为重要的是，从 2017 年开始，微商表现出越来越强的本地化趋势。这是因为人与人之间的信任越来越宝贵，情感的连接也充分凸显出价值。本地微商能够让团队上下级、代理之间同吃、同住，共同激励成长，形成更好的集体氛围。因此，许多看似人数规模并不算太大的本地化微商，反而在业绩上能够超越普通的传统微商团队。想要让本地化微商团队茁壮成长，就应该多利用线下聚会的机会，去强化团队凝聚力。

目前，微商线下聚会形式并不少，但其中暴露出的问题也不少，主要表现在下面几点：

（1）缺乏新鲜感，一些线下聚会出现的总是老面孔，有些人甚至连观点、内容都是重复的；

（2）下级代理缺乏参与感，总是抱着填鸭式学习、记录和认识几个新朋友的心态来参与，而团队也没有给他们提供真正的互动机会；

（3）没有激发成员的表达欲望，代理没有得到情感的释放，也没有收获增强的人脉关系。

有鉴于此，线下聚会必须从团队的实际需要出发，利用内容和形式上的创新，去形成新的吸引力。

1. 形式创新

微商领导者要利用想象力和社会资源，尽量让每一次线下聚会都与众不同，让人留下深刻印象。这样的聚会不仅应该是他们在日常生活中难以接触的，更应该是其他微商团队不容易提供的。除了培训、旅游、宴会之外，还可以组织户外运动、观看演唱会等活动，这样能够很好地将娱乐和聚会、放松、沟通联系在一起。

2. 内容创新

线下聚会的内容，除了应有的课程学习、技巧讨论、业绩展示之外，每次还应该有不同的主题。

例如，可以通过线下聚会安排徒步城市生存活动，培养成员的坚强意志和决心勇气；也可以直接组织本地化的“扫街”活动，打破“引流”存在的线上线下障碍等。当内容不再一成不变时，团队成员参与创新的兴趣高涨，才会渴望下一次活动，并因此而喜欢团队。

7.3.8 公众演说

从乔布斯到马云，每个杰出的商业领袖都是优秀的演说者。微商要善于利用公众演说的机会，去集中展示自己的资源、价值和品牌，让不同类型、不同性格的人，都能因为生动精彩的演讲而折服。

诚然，微商经常需要通过演讲来进行引流、销售、裂变团队。但试想，如果微商领导者在面向团队成员进行演讲时，却如同一潭死水，语言平淡无味，有谁还会相信其对团队的掌控能力？又有谁还对团队前途抱有强大信心呢？作为领导者，如果进行团队的演讲无法感染和激励代理，代理就会寻找真正能打动他们的人。

因此，团队领导无论是在群内还是在线下聚会进行演讲时，都要用具有感召力的话语，例如奔放热情的词语、火热真诚的描述、慷慨激昂的语气，去激发代理的热情，达到吸引和激励他们的目的。同样，在面向客户、媒体、同行等进行外部演讲时，领导者也同样需要时刻注意打动人才、吸引人才。

那么，在公众演讲中，领导者应该如何做到上述要求？

1. 热情真诚地当众赞美下级

赞美的力量是无穷的。在当众演讲中赞美下级，目的在于让所有人看到下级的优秀之处，同时，更能让被赞美的代理也感受到你对其的重视。可以利用微信群、QQ群进行演说，这样能够不限时间、地点、环境，帮助你有效激励下属。

2. 讲述下级的故事

整个团队犹如一个家庭，时间久了，会发生各种各样的故事，其中有令人感动愉悦的，也有令人伤心痛苦的。在公众演说中，与其去利用种种虚构传说的故事，不如直接以下属所经历过的事情作为例子，这样既能够让演说变得更加真实可信，也能够让下属更有代入感，他们因此才能感到自己在团队内的重要性。

3. 用演说向下级提出希望

有时候，下级就如同学校里的学生，只要老师对他们提出更多积极的希望，就能激发他们继续努力的热情。

因此，领导者要记得利用演说，去强调自己对下级的正面看法。哪怕采取必要的暗示手段，相关的下级都能读懂你的善意，并因此大为振奋。

8

第8章

如何有效提升代理忠诚度

打江山易，守江山难。

很多品牌方、团队领导发现，发展代理容易，但留住代理的心却非易事。谁都希望代理忠诚，然而，如何从方法论层面让他们死心塌地，却是品牌方、团队领导极为困惑的事。

本章将详细叙述如何让代理忠诚，以降低代理的流失率。

8.1 构建代理忠诚的基础

我身边总有品牌方朋友来我这里诉苦，说代理忠诚度很低，只看重利益，流失严重，不知该如何留住代理的心。其实这些问题涉及的都是如何构建代理的忠诚。

那么如何定义代理忠诚？我觉得品牌、微商能与代理保持长达 2 年以上的合作关系，即可称为忠诚。在构建代理忠诚的基础之前，我们得先弄清楚代理为什么忠诚。

品牌方、团队领导希望代理忠诚，那代理为何会死心塌地？

其实，代理并非天生就忠诚于某个品牌、团队，想让代理忠诚，首先需要为他创造价值、带来利益。

Kevin 等发表在国际杂志《市场科学》中的一项研究成果表明，客户忠诚于企业，是因为他能从这段持续性关系中获得某种利益。这同样适用于代理。

利益分为三类：

（1）**信任利益**。该类利益最重要，它包括彼此更了解、失误风险小、购买时不确定性小、可以得到品牌或团队更好的服务。

（2）**情感利益**。包括代理与品牌、团队相关人员之间形成的朋友关系。

（3）**特殊利益**。包括更优惠的价格、其他附加服务（如培训、归属感、成长空间等）。

那么，具体如何构建代理忠诚？

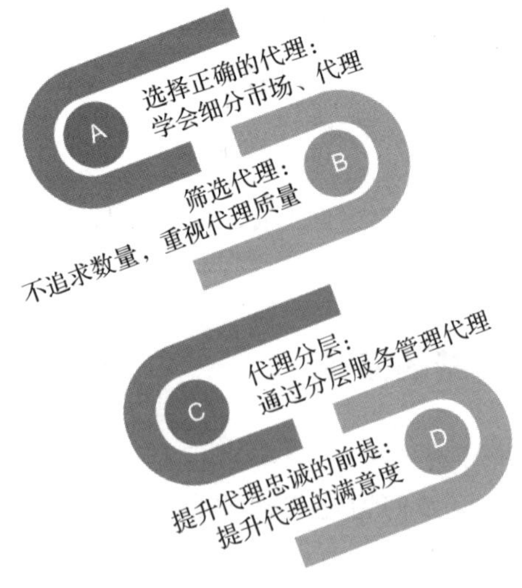

构建代理忠诚的策略

1. 选择正确的代理——学会细分市场、代理

无论是品牌方，还是团队领导，都要反复问自己一个问题：“我们应当为谁提供服务？”因为，代理的需求不同，能创造的价值也是不同的。事实上，并非所有代理都适合你，与你的产品、项目相匹配。

在市场竞争日趋激烈的当下，品牌方、团队领导要学会选择正确的代理，并非所有人都适合做微商、代理品牌。比如，有些产品明显针对女性，如护肤品、女性内衣等，选择代理时就应以女性为主。

2. 筛选代理——不追求数量，重视代理质量

时至今日，很多微商品牌、团队领导依然将工作重点放在代理数量而不是质量上，即默认每个代理都能够创造相同的价值。

在微商行业的代理群中，总有一些代理在现有服务水平和价格体系下无法满意；还有一些代理，现有的业务活动无法让他们为品牌、团队领导带来任何利润。对于品牌方、团队领导来说，该如何做？正确的做法是选择正确的代理，代理对企业现有的业务和服务水平的满意程度超越竞争对手。

合适的代理的基本特征是：长期接受团队的服务，代理不同种类的产品，乐于向朋友和认识的人推荐团队的服务和品牌。

戴维·梅斯特曾说：“营销的精髓是做最好的生意，而不是更多的生意。”微商品牌、团队领导在选择代理的时候要重视代理与品牌、团队服务之间的匹配度。在专业服务领域，其业务一定是分层的，而且要有不同类型的服务者为不同类型的代理服务。

品牌方、团队领导要学会筛选代理，由“二八法则”可知，代理中 20% 的 20%，即 4% 能帮产生长期、丰厚的收益，16% 能产生较丰厚的收益，因此要优先选择、扶持那 4% 的代理，而非只求量，对所有代理提供相同的服务。

3. 代理分层——通过分层服务管理代理

我们可以将代理群分为低级代理群、中高级代理群、核心代理群，通过分层服务管理代理群。品牌方和团队领导将主要精力放在后两者身上，激励他们裂变团队、提升业绩。而低级代理则由中高级代理服务和管理，主要通过品牌方政策和上级带动其往中高级代理发展。

4. 提升代理忠诚的前提——提升代理的满意度

代理缺乏满意度，就不会有真正的忠诚，而提升代理满意度的前提则是要保证产品质量和服务质量。高满意度的代理会成为品牌、团队忠诚的“传道者”，这样的代理愿意只与一个品牌、团队打交道，而且会为品牌传播口碑。而不满意的代理会选择离去，投向其他品牌、团队的怀抱。

代理满意度和忠诚之间的关系可以划分为三个区域：背弃区域、中立区域和情感区域。

（1）**背弃区域**：该区域代理的满意度很低，除非转换成本很高，或者感知选择缺失，否则代理会转向其他品牌。极端的情况是，一些非赏不满意的代理会站到品牌对立面，成为阻碍品牌发展的“恐怖分子”，他们大量传播企业负面信息，甚至会阻止其他代理的加盟。

（2）**中立区域**：该区域代理满意度处于中等水平，如果有更好的选择，代理会转换加盟的团队、品牌。

（3）**情感区域**：该区域代理的满意度最高，他们态度鲜明，会成为品牌最忠实的粉丝。这些代理会公开赞美品牌，向其他人推荐品牌。这些代理也被称为“传道者”，到处传播品牌的口碑。

如果想提高代理忠诚度，还要满足一点：让他们获得名和利。具体而言，就是要让他们在团队中获得成长、赚到钱。赚到钱，既要解决动力的问题，还要提供方法。

我有个南京的朋友做某直销品牌的代理数年，说实话，她并没有赚到太多钱，后期还得再找份工作来维持生活。但她并没有离开该品牌。我问她为什么赚不到钱还愿意对该品牌不离不弃、不断宣传该品牌。她说她喜欢该品牌的企业文化。说白了就是该品牌让她获得了成长，有归属感，能够看到希望。这也是我非常佩服该品牌的方面。我甚至建议我身边的微商品牌、操盘手运营微商项目时，要向该直销品牌学习，提升代理忠诚度。

对于处于中立区域的代理，品牌方、团队领导需要了解他们的需求，理解他们的情感诉求，将他们朝情感区域转化。

品牌方、团队领导需要减少处于背弃区域的代理人数，控制负面信息的传播。很多时候，我们尽人事，做好自己该做的，然后顺其自然。有了这种心态，在裂变团队时才不会经常患得患失，而是更加超然，代理质量反而会更高。

8.2　减少代理流失的策略

要减少代理流失，除了要主动提高其忠诚度外，还要了解导致代理流失的因素，进而有的放矢，消除这些因素。

8.2.1　代理为何流失

代理流失的原因主要有以下几点：

1. 上升空间变小

代理认为自我上升的空间变小。他想飞得更高，想要更好的舞台，品牌或团队暂时给不了。

因此，因为这种问题流失的，对于小代理，要思考如何给他更多的物质和金钱上的提升空间；对于核心代理，要思考如何给他更大的舞台，也就是帮他扩大人脉、扩充团队、提升职位等。

2. 精神需求增加

有一部分代理流失，不是因为钱，而是精神层面的需求未达到满足。

当代理做了一段时间的微商后，物质和金钱得满足，他的需求会上升到精神层面。此时品牌、团队的愿景、使命、价值观就要发挥作用了。

3. 没有成就感

做了一段时间的微商，没有取得预期的成绩，挫败感增强。

对于新代理要边鞭策边激励他们成长，他们刚加入的前三个月是最容易放弃的，要把心思放在他们身上，让他们不孤独，能看到希望。

8.2.2 如何减少流失

1. 深化与代理商的关系

为了留住代理，交叉销售和捆绑销售是比较有效的策略。如，代理在微商品牌平台上可以代理多款产品，同时因为该品牌和其他行业存在异业联盟，品牌的代理还可以享受其他生活、购物方面的优惠，这样代理和该品牌的关系将非同一般，其黏性也会更高。

2. 提前应对代理的流失

制定降低代理流失率的策略对微商品牌很重要，如提升服务质量、为代理提供便利、降低代理非货币成本，同时向代理提供公平而透明的定价方法等。除了这些常用的策略之外，还要特别注意与行业特性相关联的策略和方法。例如，手机用户转换服务运营商的一个很重要的原因是资费更便宜，机型更新。为了防止出现此类情况，有些服务运营商推出了定期手机打折、以旧换新等业务，还有的则干脆向高价值客户提供免费手机或者用积分换手机等服务。这种做法微商可借鉴。

除了这些前瞻性的避免代理流失的策略之外，很多品牌也会采取一些被动式的反应策略。例如，对客服中心人员进行特殊训练，建立所谓的“代理挽留小组”，与那些欲离开的代理谈话，竭力挽留。“代理挽留小组”的主要任务是倾听代理的需求，想尽一切办法满足代理的需求，留住代理。

3. 构建抱怨管理的机制

对于那些不高兴的代理来说，能让他们留在品牌、团队的最有效方法就是良好的代理抱怨管理和优异的服务补救策略，包括让代理能轻松地倾诉他们所遇到的问题，品牌、团队能迅速而有效地解决代理所反映的问题。

对代理来说，如果品牌方、团队领导未能让他们赚到钱，也不重视他们的情绪，时间一久，他们的不满就会爆发，此时离开该品牌或团队，就成为他们的首选。应对方法参见 8.4.6 节。

4. 提高代理转换成本

另外一种减少代理流失的有效方法是提高代理转换服务提供者的成本。很多服务型企业自身就有“门槛”。例如，客户原来在一家银行存钱，如果想换银行，会很麻烦，特别是所开账户与借记卡、信用卡和其他相关银行业务绑在一起的时候就更麻烦，绝大多数客户都不愿意花时间去了解另外一家银行的服务流程和产品。基于银行的做法，品牌和团队可设计一些方案，让代理从分销一款产品转为分销多款产品，同时积极推动其参与各种活动，让其与品牌和团队形成多种、立体关系。

合同中添加一些条款以增加代理的转换成本，如代理退出某品牌时会扣除部分加盟费，这意味着花了高价加盟的高级别代理若离开将会损失较高的加盟费，这也会让他们在离开该品牌时慎之又慎。

对代理来说，其转换成本常见的就是退出时扣除的加盟费。因为存在退出成本，很多代理一旦代理某个品牌，非到万不得已，都不会轻易退出。针对代理的其他转换成本，需要品牌方和操盘手根据实际情况来制定相应政策。但要记住，转换成本是把双刃剑，制定者勿要自伤。

5. 该放手时学会放手

如果品牌、团队暂时无法给核心代理更大的舞台，大度一点，学会放手，让他出去闯闯。他混好了，是我们的骄傲。混不好，团队的大门永远为他敞开。

而且，流失的代理在外面闯荡后，知道哪些平台更适合自己和自己内心真实的需求，重新回到团队后，其忠诚度会更高，更不容易流失。我身边这样的案例很多。

品牌、团队需要做的就是，一直关注其动向，适时给他关怀，及时为他敞开怀抱，避免他被其他品牌、团队抢先“俘获”。

8.3 分层服务提升代理忠诚度

对代理进行分层服务，可以激励代理，提升代理黏性。

代理分层服务，是目前很多微商品牌、团队在做的事。我结合了众多微商品牌的做法，将代理按照级别及参与度进行了分层。

8.3.1 低级别代理：如何帮他们快速进步

蒙牛等传统大品牌的微商项目操盘团队为了方便代理管理，将代理分为低级代理、中高级代理，并分别建群管理。中高级代理群由操盘团队组建，各种事宜会先公布在此群中，然后再由团队领导在自己的代理群进行传达。

针对低级代理，又会根据加入时间分为新、老两种代理。

1. 新代理

新代理是指加入时间在 3 个月内的。此部分代理，刚开始不要教他们太多微商的东西，因为他们流失特别快。很多微商伙伴会纳闷：为什么这类代理流失得这么快？其实，大部分新代理都是刚入门的微商，还算不上真正的代理。针对这类人，工作应集中在建立连接、建立情感上。如果这个新代理心都不踏实，他们将来怎么踏实工作？

具体如何做好新代理的服务？

沟通情感

在某些微商培训的现场大会上，我曾问：“大家在最近的一年内，你们跟自己的代理伙伴打过电话吗？打过的请举手。”结果全场举手的不足20%。其实直接电话沟通，是仅次于当然沟通的建立情感的最好方式。如果我们真想和新代理成为朋友，仅须拿出一天时间，给他们代理打一通电话，这比通过微信沟通一个月的效果还好。

给代理打电话的注意事项如下：

- **沟通的时间：**和每一个新代理聊的时间不用太长，3～10 分钟即可。
- **沟通的频次：**为什么说新微商 3～5 个月都停留在一个代理等级上，那么就基本确认其已失败了？主要源于两个因素，其一，这说明他自身的状态和动能不足；其二，说明这 3～5 个月内，上家、领导管得太少。因此，我们要注意保持定期沟通。代理加入的当月，一周沟通一次。后期每月至少沟通 2 次。每打一次电话都能帮代理解决一部分问题，增进一分情感。
- **沟通的内容：**新代理就跟他“谈情说爱”，不要跟他聊什么微商技巧、刷朋友圈技巧等知识。如果他都没“爱”上我们，没“爱”上我们团队，没“爱”上我们的品牌，我们教他再多，他依然不会行动，因为他缺少的是行动力。技巧性的内容等他有了动力后再开始教也不晚。那么每次跟新代理聊什么？我建议聊五个话题：第一，家庭成员；第二，生日；第三，为什么做微商；第四，今年的目标业绩是多少；第五，在哪些方面需要额外的成长。简单几句话，就能挖掘出他的痛点，你们会成为相知的人，瞬间你俩的关系就拉近了。
- **发现原动力：**新代理刚开始进入微商行业，最重要的是要让他们找到自己做微商的原动力。我们一定要在上述五个问题的沟通中找出他的原动力。

帮他出单

一个人能不能做好微商，取决于能力和意愿这两个方面。大多数新人缺的是专业能力、理解力和执行力。不是每个人听懂了就会做，我们需要做更加细致地工作，扶他们一把，帮助新人卖出第一单，帮助他们度过入门阶段。新人只要出了第一单，信心就能建立起来。等他们跟着我们学会了其他技巧，他们会很忠诚地跟着我们一直做下去。

让他开心

让新代理在团队里快乐，产生和我们一起奋斗的想法。设置两个小机制：

- 在核心代理中组织快乐小组，由核心代理中最快乐的人担任快乐委员，设定机制，每个月必须出两个主意，让所有代理快乐，效果好的给予一定奖励。效果不好的，以娱乐的形式给予一定惩罚。
- 让所有买车、买房的代理拍照，每天由专人将其照片发在代理群，激发新代理的激情。

消除负面

及时清理团队负能量和改善消极的态度，要及时了解出现负面情绪的原因，然后针对性地提供帮助。一般来说负面情况主要来自两方面：一是家庭生活；二是工作生活。若是前者我们应首先学会倾听，然后给予安慰并为其提供我们力所能及的具体行动帮助；若是后者，则属于我们的职责，要尽全力帮其解决问题。

2. 老代理

老代理是指加入时间超过 3 个月的代理。低级别的老代理若在 3 个月内没有继续提升，那么其中 80% 的人将流失。

对于老代理，需要做好如下服务，总的原则是：不抛弃，不放弃，有筛选。

低级别老代理服务策略

（1）**代理档案**。微商要整理出一份代理档案，详细记录代理的情况。具体参考前面介绍的客户档案。代理档案中必备要素有：原有职业、加入时间、原始动力。

（2）**备注清楚**。除了代理档案，在微信中也要备注他们的原有职业、加入时间、原始动力，方便及时查询。

（3）**详细沟通**。对超过 3 个月的代理，分别进行电话、语音私聊。同时，从中筛选出 20%，与其详聊，条件允许的话，亲自面谈。筛选标准：有资源、有影响力、有动力、有能力、态度好。这部分人可能是因为加入后还有主业，或者发生其他突发事件，分散了他们的精力，让他们无暇顾及微商事业。这些内容可以从代理档案、与他们聊天过程中了解到。这些是我从一些资深微商、直销从业者身上总结出来的实战经验。

（4）**权益分级**。现在大部分微商品牌有自己的小程序、APP。小程序、APP 中可以按照代理级别分设不同的服务和权益。低级代理只能享受基础服务，而中高级代理则可以享受更多服务和权益。而且要在这些服务和权益中设置“鱼饵”，吸引这些“垂涎于”好东西的低级代理升级。如中高级代理的培训课程便可以作为“鱼饵”。

（5）**参加活动**。邀请筛选出的那 20% 的老代理参加线下内训、运营中心的聚会、重要会议。

（6）**大咖出马**。必要时，要会借力。请操盘手、商学院院长出面分别与他们面谈。在面谈之前，先要充分介绍操盘手、商学院院长。

（7）**使命激励**。对不缺钱的老代理，要用使命激励他们。使命听着虚，但很有效，尤其是想将品牌、团队做大做久的微商，使命是极为奏效的。世界本来就是虚实结合的，虚的东西自有其用处，关键是要会用。

很多大的微商品牌、团队已意识到使命、愿景、价值观的重要性，开始迭代升级，梳理品牌、团队的使命、愿景、价值观。

8.3.2　中高级代理：如何激发他们的斗志

大部分微商品牌有自己的中高级代理群。考虑到很多中高级代理是直接花钱升级的，因此还是将他们按照加入时间分为新代理和老代理，并区别对待。

1. 新代理

愿意花钱直接升级中高级代理的人，90% 以上是有资源、有人脉、有资本、有主业的人。因此，针对该部分新代理，除了沟通情感、排忧解难、帮他出单、让他开心，还要定期邀请他参加活动、与团队长面谈，并重点用好使命激励这一招。

2. 老代理

针对这部分代理，除了提供上述服务外，还需要增强以下服务。

荣誉激励

对于服务中高级代理，我推荐使用荣誉机制。我们上学时，喜欢将奖状、证书摆在最显眼的地方，如挂在墙上，其实就是一种荣誉机制的使用方式。我们这里所说的荣誉机制，最直接的表现形式就是给中高级代理荣誉。孩子收到奖状后，分外开心；代理收到证书之后，同样也会非常开心。

- **颁发证书**。可以上淘宝等电商平台购买证书。发证书的理由可以自己设定，我们想要代理在哪个领域发光发热，就设立哪个领域的证书。比如：想让代理做好零售，就可以设置“XX 团队零售小天后奖”；晒一轮自拍照后，大家评一个“最上镜宝妈奖”；做一次朋友圈文案比赛后，评一个“金牌写手奖”；做一轮群内分享后，评一个“最好声音奖”；玩一圈游戏后，评一个“最强大脑奖”。总之，要针对大家的优点来设置各种奖项。而且发完证书，还要让他进行主题分享。每一次分享，都会帮我们打动很多人。
- **亲笔签名**。证书一定要签上你的名字再发过去。你能想象代理收到证书，是什么心情吗？估计快递包装都没打开，他就开始拍照了，然后急不可耐地在朋友圈里晒，在群里晒。
- **激发状态**。荣誉会激励代理的积极性。我认识一个代理，他得到一个“最佳服务之星”的称号，在那之后当团队群内有人提出售后问题时，团队长无须解决，他会第一时间出现。因为他要证明自己：我拿这个荣誉证书是当之无愧的。这叫认同感。

- **给他名分**。如让中高级代理兼任商学院副院长、讲师等职务，每次线上线下讲课时都放置宣传他的海报。他会产生强烈的荣耀感、尊贵感，并激发斗志。
- **作为榜样**。将每个月业绩最好的中高级代理作为团队的榜样，收集他的艺术照，制作海报，要求整个团队的人发朋友圈；同时，在团队公众号、微信群内宣传，并通过其他宣传推广渠道进行传播；此核心代理自有团队成员的朋友圈背景全部换成他的头像，保持一周。这个举动会给中高级代理带来莫大的荣耀感。这部分内容后面会有详细介绍。

给他归属

中高级代理除了需要荣耀感、尊贵感，归属感也是他的重要追求。

- **线下聚会**。我们要定期举行线下聚会，以和代理联络感情。可以一起吃饭，也可以到当地运营中心参加茶话会。
- **线下游学**。定期带着中高级代理一起玩，一起学习，满足其更高层次的精神需求。

8.3.3 核心代理：如何抓牢他们的心

核心代理是指将 80% 的精力放在微商事业上、参与度极高的中高级代理。这部分代理通常也是出货最多的代理，这些人我们必须要重视并抓牢。

如何做好核心代理的服务？

针对核心代理除了提供中高级代理的服务，还需要增强下述服务。

1. 情感关怀

人除了追求利益之外，更多的其实是情感的维系，感情的维系比金钱更能帮我们留住代理。但因我们精力有限，所以只能针对核心代理进行全方位的情感关怀。

- **多些关注**。我们要在生活上密切关注核心代理，不能局限于朋友圈、私聊这些浅层交流，要多电话沟通，多线下交流，从工作、家庭、感情、人际、健康等多角度进行关怀。
- **多些温度**。当他们遇到困难时，一定要主动关心他们。比如，核心代理生了病，如果离得不远，可以去他家里看望一下。我有个微商朋友就做得特别好，她听说自己的一个大代理生病了，二话不说，带只活鸡，就上他家里去了。本来她能去，代理就挺感激了，我这位朋友还帮代理在家里熬了一锅鸡汤。一只老母鸡换了一颗心。当然，很多代理是在外地，如果去不了，我们也可以找当地很好的餐厅，通过饿了么、美团这些外卖平台订些好菜送过去。花钱不多，但人心被拉得很近。
- **重视特殊节日**。要重视与核心代理相关的特殊节日，其中最典型的就是代理的生日。一次，核心代理韩梅梅（化名）过生日，我的朋友提前一周联系了她同城的另一个代理和她老公，让其他很多认识韩梅梅的人从全国各地寄礼物，且先放在那个同城代理手中。生日当日，那个同城代理很早便去了她店里，把店铺装扮得像个童话世界。等韩梅梅到店里时，店员突然关灯，视频放出我朋友提前录好的生日祝福，然后同城代理的老公慢慢推出一个大蛋糕，店里到处都是全国各地代理发过来的生日卡，而她则拿出全国各地发过来的礼物。所有的事情韩梅梅事先都不知情，她当时感动得大哭。后来，韩梅梅还专门飞到我朋友的城市当面表达感谢。现在她已经成了帮我朋友团队挑大梁的大代理。

2. 激发斗志

核心代理做微商的时间一般都比较长了，时间一长就可能会慢慢失去斗志。此时我们需要多激发对方的斗志。

- **团队 PK**。团队内部定期举行 PK 赛，小创商学院举行的猛虎团 PK 赛，每次赛后代理都士气大振，团队迅速裂变速度会突然上升，业绩也会有一倍以上的爆发式增长。
- **体验奢侈**。定期带着有些自满的代理去奢侈品店体验一下、消费一下。我有个微商朋友，每次聚会时，都会带着她的核心代理们去逛奢侈品店，让他们去受点“摧残”。能买得起 2000 元商品的代理，她会带他去体验 30000 元的 proda、40000 元的 LV 包包；开 10 万元车的人，她带他去试驾法拉利、玛莎拉蒂。这并不是让代理形成拜金的思想，而是让他看到，他虽然现在相较之前已改善了生活，但还有更美好的生活等着他去追求。通过这种方法可激发核心代理的欲望和斗志，树立新的目标，继续激情澎湃。

3. 一起工作

让核心代理经常聚在一起工作。

- **线上工作**。线上同步工作，并监督执行。
- **线下工作**。遇到重大事项，如上新品、大型会议，可以让核心代理提前报名，到品牌的总部或当地运营中心一起工作，这样一来可以提升凝聚力，二来可以提升工作效率，三来可以建立更深的信任感，四来可以提升黏性。

8.4　这样的服务让代理挖不走

我身边经常有团队领导抱怨：代理难招，代理难带难管。看着团队有几万人，但真正活跃的代理也就几千人。作为团队领导，每天要为代理操很多心，但团队还是管理不好，士气还是很难提升，团队也没有什么战斗力，还经常会被其他团队挖墙脚。

为什么会出现上述原因？

因为很多团队领导做微商之前并没有接触过管理，不知道如何管理好一个团队。他自己很能干，也很有战斗力。但微商想做大做强，显然不是单枪匹马就能行的，需要组建一个好的团队。但想带好一个团队，没有经验，没有方法，显然很难如愿。此外，很多团队领导带团队时像传统企业主管理员工那样管理代理商，这是行不通的。因为代理是一群比较特殊的创业者，他们既是我们的客户，又是我们的合作伙伴，是因为想跟着我们一起创业才和我们一起合作的，与我们没有强的从属关系，而更像是一种朋友关系。如果用管理员工的方式带团队，显然会引起他们的反感。

所以，有智慧的团队领导要根据团队情况灵活变通，用合适的方式去带领自己的团队。如果我们想带好自己的团队，提升他们的战斗力，我们可以用激励而不是管理的方式提升其战斗力。

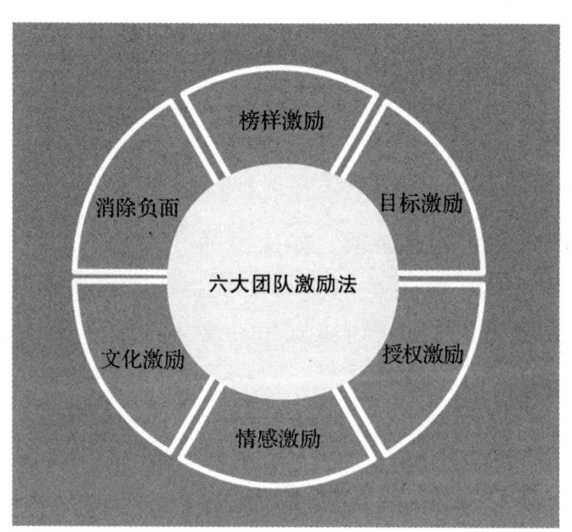

激励团队的六大方法

8.4.1 榜样激励

榜样的力量是无穷的，任何社会、任何组织、任何团队都需要有榜样，通过榜样激励自己的团队伙伴，让团队伙伴向充满正能量的伙伴学习，让充满正能量、业绩出色的伙伴带动那些不太活跃、积极性不高的伙伴。在微商这个特殊的大家庭中，榜样激励的作用尤其重要。

1. 团队领导要以身作则

微商品牌方和团队领导要以身作则，做好榜样。孩子喜欢模仿父母的言行举止，代理商也喜欢模仿团队领导的一言一行。如果团队领导自己做事都不积极，充满负能量，没有责任心，不爱学习，不提升自己，团队伙伴为什么要这样做？他们也会跟领导学，从而导致团队变成一个士气低落、充满负能量、没有战斗力的队伍。所以，当团队出现问题时，团队领导要先从自身找原因，而不是一味地抱怨代理难管，抱怨微商难做。多向内求，才能发现自己的不足，让自己变得更完善更优秀。团队领导变了，团队自然也会跟着变。

2. 要在团队中树立榜样和标杆

除了团队领导自己要以身作则，作为团队伙伴的榜样外，还要在团队中树立其他榜样和标杆。

8.4.2　目标激励

每个人做事情都是有动机的，都想达到一定的目的。做微商也是如此。作为团队领导，我们要懂代理的心，知道他们想要什么，帮助他们设定目标，通过目标激励他们奋斗、拼搏。

1. 团队领导带头设定目标

作为团队领导，我们要有自己的目标，并让团队伙伴知道我们的目标，监督我们完成目标。当我们全力以赴实现了目标后，团队伙伴都会看在眼里，觉得我们是一个言必行、行必果的团队领导，这时候他们自然也会给自己设定目标，并激励自己向我们学习，全力以赴去实现他们的目标。

2. 帮助团队伙伴设定目标

作为团队领导，我们要根据每个代理商的情况，帮助他们设定合理的目标。

规划好目标后，我们要帮他们将大目标分解成众多小目标，并监督他们执行计划，中间帮助他们不断做好总结。每当他们实现了一个小目标时，我们可以给他们一定的奖励，激励他们继续为下一个目标努力。当他们最终实现大目标时，再和他们一起庆祝，给他们一个大的奖励。

好的合作伙伴其实是相互成就、互惠共赢的。当我们能帮助代理实现目标和梦想时，他们会一辈子记得我们对他们的帮助和鼓励，这样的代理很难被挖走。

8.4.3 授权激励

我们每个人的时间和精力都是有限的，这意味着在有限的时间和精力内只能做好一部分事。对团队领导也是如此。作为团队领导，我们往往比团队伙伴要忙，要处理更多事情，要学习更多知识。我们凡事都事必躬亲，显然不现实，而且也会让我们焦头烂额。好的团队领导知道只做最重要的事，对某些事情学会放权，让团队伙伴复制我们的做法，既能帮我们分担一些压力，又能让他们成长起来。

我们可以培养自己的核心代理，授权他们负责团队中的一些重要事宜：如可以让团队伙伴成为群管理员，协助我们做好日常群管理；让团队伙伴主持一些重大活动；让团队伙伴负责运营微商城和微信公众号……

通过这些授权，我们可以有更多的时间去做战略层面的事情，如多参加一些好的学习课程，多思考一些团队的未来方向。同时我们的代理商也会获得更快的成长。通常情况下，团队伙伴很享受被团队领导信任的感觉，为了这份授权和信任，他们会用心做好能让自己快速成长的事情。

8.4.4 情感激励

每个人都有情感方面的需求，微商是一个有温度的群体，对情感方面的需求更高。

作为团队领导，我们要多和团队伙伴沟通、交流，要知道代理心中所想。通过情感激励，让团队伙伴觉得我们是一个懂人性、知冷暖的团队领导，这样他们遇到难处时也愿意将心里话说给我们听，便于我们加深对他们的了解，后期做出相应的规划和帮助。

8.4.5　文化激励

一个优秀的企业一定要有自己的企业文化，微商团队也是如此。好的微商团队要有一个好的文化，有了文化才有凝聚力和战斗力。

微商打造团队文化可以从以下几个方面着手：

1. 家庭文化

家庭文化对家庭、对组织来说都非常重要。好的微商团队一定是一个具有良好家庭文化的团队。

在团队中，要把每一个代理商当作自己的家人看待，让他们在团队中能感受到关爱和温暖。要让每一个团队伙伴像家人一样相处，让团队拥有一个和睦融洽的氛围。要让每一个团队伙伴在团队中有一种归属感，每次参加活动时都能像回到自己家一样。这样，团队不愁没有凝聚力和战斗力。

2. 学习文化

做微商一定要愿意学习、善于学习，不学习的微商是没有未来的，没有学习文化和学习氛围的微商团队很难在竞争中坚持下来。

作为团队领导，要将团队打造成一个学习型团队，让团队成为一所迷你微商大学，团队领导是这所大学的校长。要让代理在团队中有老师带，有同学陪。

为了提升各微商团队的学习力，万人迷学员健吾创办的健吾商院以“先教会你开车再推荐车给你开”作为分享原则，针对微商团队构建了一套可复制的传播系统，其中创业篇适合未开启微商生意的意向代理学习；发展篇适合已加入的代理学习。通过这种学习文化的构建，健吾的团队的业绩一直非常好。

3. 军队文化

没有规矩不成方圆，一个好的微商团队其实也是一所“黄埔军校”，必然拥有自己的“军队文化”，让自己的代理在军队文化影响下，成为一名守纪律、有战斗力的铁血微商。

现在微商界很多微商团队纪律松散，团队领导在团队伙伴心中没有任何威严，团队没有任何战斗力，就是因为缺少军队文化。

微商是一群自由创业者，用传统管理员工的方式管理他们行不通，但不代表就对他们放任。一个好的微商团队可以通过严明的奖罚、纪律，让代理商组成一支拥有战斗力的队伍。

8.4.6 消除负面影响

1. 团队管理必须消除哪些负面影响？

一个团队，表面是一池静水，实际上暗流涌动。传染最快的不是那些鼓舞人心、积极向上的信息与能量，而是那些消极、倦怠的人和事，如果你稍不留心就有可能被卷入负面能量的漩涡，不仅影响工作，伤害人际关系，还会影响整个团队。所以微商团队应该设法消除这些负能量。

（1）**抱怨**。抱怨是团队里杀伤力最大、辐射面最广的负能量。团队里的某些人总爱传播工作和生活中的种种不满，整天抱怨咒骂，让本来安心工作的人也受到影响。抱怨让自己和他人陷入负面情绪中，并且迅速传染。

（2）**消极**。消极情绪最易动摇军心。在团队里总是有人消极怠惰，对品牌、团队发展缺乏信心，患得患失。这种人内心往往能量弱，且行动力不高，在瞻前顾后中蹉跎了时间和机会。消极的心态对团队发展非常不利，当大家都在为目标奋力拼搏时，这类人传播出各种忐忑不安、扰乱军心的信息对团队威胁很大。

（3）**急功近利**。急功近利的人很容易破坏团队的协作和平衡，也容易带动其他人与他一起急行军，而这种做法失败的可能性很大，一旦失败就会带来大范围恐慌。

（4）**妒忌**。现代社会，竞争十分激烈，良性竞争是保持斗志的催化剂，而恶性竞争常常变成妒忌，别人的进步和优势会让竞争者脸上无光，心生恨意。竞争中必有强弱之分，要想使自己的竞争力变强就要学习好的方法，一味敌视别人的进步和优势，反而会让自己陷入负面情绪，对自身发展不利。

（5）**多疑**。伙伴之间、上下级之间缺乏信任，总怀疑对方的行为另有目的。该类负面情绪容易影响团队的和谐。

2. 如何消除负面影响?

消除团队中负面影响的方式主要有：

方法 1　团队由上到下传递正能量

作为团队领导，首先自己要充满正能量，并将自己的正能量传递给代理。通过这样的方式，才能激活代理的“正能量储存库”。当团队领导以饱满的热情投入到工作中，脸上常常挂着微笑，行动果敢时，代理会受到其正面情绪的影响，会逐渐消除自身的负能量。

方法 2　激励代理

很多代理产生负面能量，是因为团队缺乏激励手段或激励程度不足，此时需要做好团队激励，提升代理的正能量和激情。

方法 3　帮助代理消除负能量

消除团队中的负面能量，除了团队领导要以身作则，做好表率外，还要注意从代理自身入手，帮助其消除自身的负能量。

在平时工作中，团队领导要注意观察团队中每个代理的工作状态和情绪，一旦发现团队中的某个代理意志消沉，工作时提不起精神，或者怒气冲冲，充满焦虑等不良情绪，团队领导要在第一时间与这名员工沟通，找出产生负面情绪的原因，并针对该员工的具体情况（代理档案）制定相应方案。

方法 4　增加关注度

很多团队领导在代理刚加入时比较热情，但时间一久，对其关注就变少了，让新代理觉得被忽视了，感受不到温度，缺少归属感，缺乏存在感，从而产生负面情绪。因此，对待那些内心不够强大的代理，要增强情感关怀及关注度。

方法 5　设立“情绪倾诉站”

代理之所以会产生大的负面情绪，主要是由于长期小的负面情绪积压所致。如果这些小的负面情绪可以及时排解，就会避免产生更多的负能量，造成更大的影响。

清除团队负能量的一个有效的方式就是设立“情绪倾诉站”，即提供代理宣泄情绪的地方。当代理产生负面情绪时可以及时得到排解，从而避免负能量的积累和进一步产生。让代理都能以健康的心态投入到事业中，提高工作效率。

方法 6　减少抱怨

代理的抱怨是种慢性毒药，会严重危及微商团队的发展及业绩提升。如何减少抱怨？

（1）**当有人试图通过抱怨寻求关注时，**你可以问对方：“你有什么好消息吗？”你通过不断调整谈话方向来引导你与别人的交流朝积极的方向发展。

（2）**当有人想通过抱怨来推卸责任时，**他会开始罗列各种理由，证明某件事无法做到。此时你可以问对方：“如果这件事能做到，你会怎么做？”这会帮助抱怨者转变思路，不再把思路局限在问题上，而是把焦点放在问题的解决之道上。他会开始思考解决问题的方法。

（3）**当有人想通过抱怨来攻击他人时，**你可以试着赞美他，说他拥有与那个缺点相反的优点。比如，当抱怨者说：“她喜欢在别人背后嚼舌头根，而且很小心眼！”此时你可以说：“你从不在别人背后乱嚼舌头根，对人总是那么大度，我很欣赏你！”

（4）**当有人想通过抱怨来获取操控力时**，你可以建议抱怨者与抱怨的对象当面谈谈。抱怨者可能会说：“我已经跟他谈过了，但啥用都没有！”此时你可以说：“那么，看来你们需要更多的交谈。”然后私下去和被抱怨者沟通，促成其与抱怨者的再次沟通。切记，不要把自己卷进去，你要保持中立。

（5）**当有人想通过抱怨来为自己欠佳的表现找借口时**，你可以问：“你下次打算怎么改进？”比如说，抱怨者抱怨道：“都怪你，你早上没叫我起床，害得我迟到了！”你可以回答：“抱歉，有时我会忘记。如果我没按时叫你起床，那你怎么样才能保证按时起床呢？”此时，抱怨者可能会尝试自己想办法避免此类事情再次发生。

8.5　通过无忧承诺减少代理的顾虑

做微商，最为人诟病的是想成为代理就要囤货。很多还不具备成熟销售渠道和销售能力的微商小白，因为好大喜功，想马上成为高级代理一下子囤了很多货，但一段时间卖不出去，就会严重影响其对微商事业的信心，甚至很多微商小白开始对代理微商产品产生了恐惧心理。大量微商小白就是这样流失掉了。而这类敢囤货有冲劲的代理往往都是有成为真正大代理的潜质的，流失掉太可惜了。

代理之所以会大量囤货，主要原因有：

（1）**对自身销售能力评价过高**。很多代理看到其他人赚了很多钱，他也急于成功，因此完全不顾自身条件和销售能力，大量进货。

（2）**上家或品牌方鼓励代理囤货**。很多上家、品牌方因为希望尽快将货销出去，多赚钱，因此不考虑下级代理的具体情况，一味鼓励、引导代理囤货。

（3）**市场变化**。有些代理看到某品牌某款产品非常好卖，但其进货后恰巧遇到市场变化，比如该类产品市场已经饱和供大于求，或者该款产品是季节性产品，遇到换季，市场对该款产品的需求一下子减少，导致货物积压在手中。

面对代理商囤货压货问题，作为团队领导、品牌方可以运用无忧承诺，像直销巨头安利那样建立产品回收机制，当代理因为进货较多导致货物积压时，回收其产品，减少其损失，这样可以大大减少广大代理的后顾之忧。

建立产品回收机制具有迅速裂变团队、提升代理存活率、提升品牌方和团队领导的美誉度、提升代理的忠诚度和积极性等诸多好处。

小创商学院学员 SAM 是一名微商万人团队领导，她之所以拥有如此庞大的团队，就和其制定的无忧承诺有关。作为团队领导，SAM 和自己的核心合伙人定下了这样的规定：购买 1000 元货品做代理，如果在 3 个月内不愿意继续做下去，原价收回所有货品。这是一个明智的决定，这让微商创业变得跟玩一样，每个人都可以玩一玩，没有任何风险，新入的伙伴都会很轻松。那么到底回收的概率有多高呢？据 SAM 统计，很低很低，可以忽略不计。正是因为 SAM 一心为团队伙伴着想，解决他们最担心的囤货问题，所以她的团队才能在短时间内迅速裂变。

1. 如何建立产品的回收机制

微商团队比较特殊，是一个相对独立的组织，代理很像品牌方的合伙人，因此有很多自主决定权。作为团队领导，可以尝试着建议品牌方建立一套完善的产品回收机制，可以将建立产品回收机制的好处分析给品牌方听，品牌方如果认可这样的想法，会考虑建立相应机制。如果微商品牌方不同意建立相应的产品回收机制，微商团队领导在不违反品牌方政策的前提下，可以自己建立一套完善的产品回收机制。

2. 制定产品回收机制的前提条件

由于难免会存在部分代理或竞争对手利用产品回收机制恶意退货的情

况，为了减少相关风险，一定要完善产品回收机制，也就是要制定产品回收门槛。为了减少恶意退货，可以给新进的代理安排一定的培训课程和实践任务，要求只有完成学习任务和实践任务的代理才可以在货物难卖的情况下申请回收产品。

注意，为了避免代理认为制定回收门槛是故意刁难，是为不回收找借口，进而使设立回收机制失去意义，团队领导应在核实代理退货申请符合条件后，及时兑现承诺，回收其产品，并进行恰当公示。若是真的不能兑现，那还不如不制定回收承诺，因为与代理担心囤货相比，代理对团队失去信任会导致更严重的后果。

9

第9章 为代理提供极致服务迅速裂变团队

极致服务是指微商为代理提供理想、超出其预期的服务，留住代理的心，进而提升品牌和团队的竞争力，帮助微商快速裂变团队。

因为极致服务的质量远超一般服务，能让代理获得极大的惊喜、满足感、体验感，代理自然会被服务吸引，进而成为忠诚的代理。在微商行业竞争越来越激烈的当下，微商品牌、团队、个人如果想吸引代理并留住他们，必然要提供其他微商提供不了的极致服务，让极致服务成为你的法宝，产生威力巨大的核能量，帮助你快速裂变团队。

9.1 如何帮代理做好公众承诺

人人都想成功，但是成功要有方法，承诺是推进成功的必经之路，“兑现承诺”是人类智慧与品格的精神象征。公众承诺是推进“兑现承诺”，实现成功的不二法门。有承有诺，既定的目标才有可能达成，想要的成功也才可能实现。把自己的承诺放到公众的视角下邀约大家共同监督、见证，成功往往不请自来，甚至还会取得不可思议的成绩和收获。

做微商，我们除了要自己有能力、有信心、有胆量进行公众承诺，还要帮助代理做好公众承诺，这可以迅速提升团队的士气和战斗力。

帮代理做好公众承诺其实也是团队领导给代理提供的一种服务。当代理们看着团队领导认真帮助自己分解目标、做规划，并严格督促其执行计划、定期总结、复盘，最终完成公众承诺时，会帮团队领导建立在代理心中的威信、信任。

9.1.1 制定合理的目标

公众承诺的目标要具体，切合实际，经过努力能实现。

目标是指想要达到的境地或标准。艾德米勒·拜尔德说："没有目标，日子便会结束，像碎片般消失。"承诺是指个体被目标所吸引，认为目标重要，并持之以恒地为达到目标而努力的程度。个体在最强烈地想解决一个问题的时候，最容易产生对目标的承诺，并真正解决问题，从而实现目标。

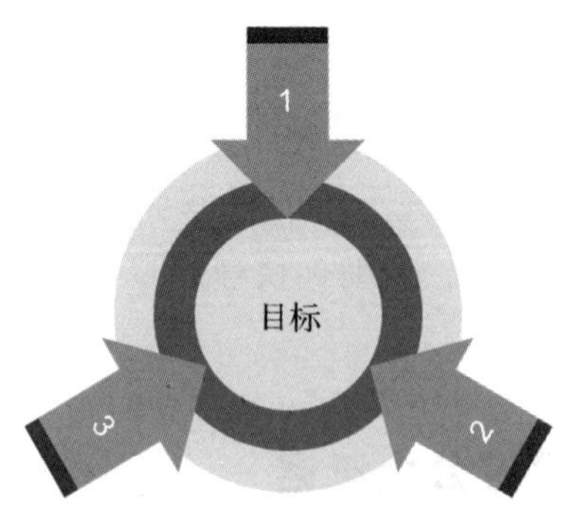

目标

现代管理学之父彼得·德鲁克在他的《管理的实践》中提出目标管理

的 SMART 原则，指出合理的目标要满足以下五大原则：

（1）目标要具体（Specific）；

（2）目标要可度量（Measurable）；

（3）目标要可实现（Attainable）；

（4）目标与其他目标具有相关性（Relevant）；

（5）目标要有明确的截止期限（Time-based）。

通俗地讲，合理的战略目标须是努力跳一跳能达到的，既给人希望，又让人有信心。

具体如何制定合理的目标？

1. 分析你的现状

制定目标即为自己的未来勾画出一幅蓝图，要描绘到达最终目的地的时间和要求，但究竟如何起步，还得从自身的现状出发。因此，要充分分析自己目前的情况，如：自己现有的人脉和资源；有哪些优势和不足，如何发挥优势，克服不足；自己的毅力和勤奋程度；自己的工作方法和效率，需做哪些改进；能力结构是怎样的（适合零售还是带团队等）。

2. 明确你的目标

拿出一页白纸和一支笔，思考你这一生、这一年、这一个月要达到的目标，确定它，记录它。

写出目标时需遵循的几大原则：

（1）**排列优先顺序**。尽管你几乎可以得到你想要的任何东西，但你不可能得到你想要的所有东西，所以要根据你自己的资源、精力和目标重要性等对目标进行排序。

（2）**不要混淆目标和欲望**。合理的目标是你真正需要实现的东西，欲望则是你想要但会阻止你实现目标的东西。调和你的目标和欲望，以明确你在生活中真正想要的东西。

（3）**不要把成功装饰误认为成功本身**。

（4）**永远不要因为觉得某个目标无法实现就否决它**。要放心大胆地去做，因为总有一条路会通向成功，你要做的是找到它，并鼓起勇气向着它前进。

（5）**谨记伟大的期望创造伟大的能力**。如果你把目标只限定为明知自己能实现的东西，你的自我要求就太低了。

3. 将目标分类

将目标按照时间分为短期、中期、长期三种。

（1）**确定你的长期目标**。人生的长期目标，是一个五年、十年、二十年甚至几十年为之奋斗的梦想，应该定得远大一些，这样有利于发挥自己的潜能。但由于某些不确定因素的存在，人生目标不一定非常具体详细，只要有一个明确的方向就可以。

（2）**制定中期目标**。长期目标比较遥远，因此可将其分解成一些中期目标。一般中期目标可以一至五年为期。微商可以团队人数、业绩总额为目标，比如两年内将团队人数要裂变到 50000 人，业绩增长到 2000 万元等。

（3）**制定短期目标**。从时间来看，短期目标可分为一年目标、半年目标、季度目标、月目标等。

4. 将目标拆解

1984 年，日本马拉松运动员山田本一夺得了东京国际马拉松邀请赛的冠军，其成功秘诀就是将大目标分解成一个个小目标。他在自传中说："每次比赛之前，我都要乘车把比赛的线路仔细看一遍，并把沿途比较醒目的标志画下来，比如第一个标志是银行，第二个标志是一棵大树，第三个标志是一座红房子，这样一直画到赛程的终点。

比赛开始后，我就以百米冲刺的速度奋力向第一个目标冲去，等到达第一个目标，我又以同样的速度向第二个目标冲去。四十几公里的赛程，就被我分解成这么几个小目标轻松地跑完了。"

我建议将中期目标拆解为短期目标，将一年目标、半年目标拆解为季度目标，再将季度目标制定成相应的月计划来实行。至于长期目标，这是一个水到渠成的事，我们用长期目标来确定方向，保证中短期目标不偏离这个方向，在中短期目标逐一实现的情况下，长期目标会水到渠成。

5. 制定行动计划

根据自己的资源、人脉、成就、技能、努力程度等实际情况，制定自己的行动计划，主要是明确自己将要在哪些方面采取什么样的措施。

为了降低畏难情绪，可以先初步制定一个 1.0 版本的行动计划，在执行过程中再不断优化。

总体步骤见下图。

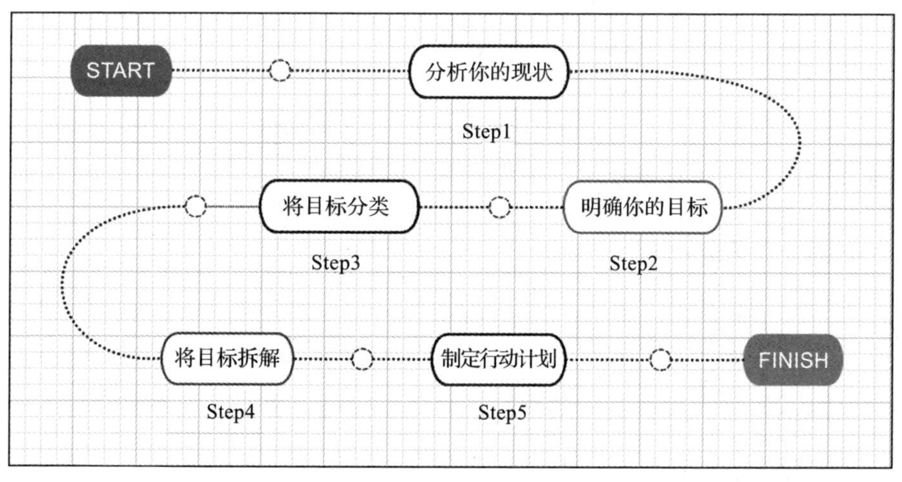

如何制定合理的目标

9.1.2　确定合适的时间

团队领导需重视公众承诺，要把公众承诺当作一种仪式，只有不断增强其仪式感，这样代理们才会重视，执行过程中才会全力以赴。

建议团队领导将公众承诺按时间分类：年公众承诺，季度公众承诺，月公众承诺，周公众承诺，日公众承诺。

1. 年公众承诺

年公众承诺建议放在一年之初，借助开年末总结会的机会制定好新一年的公众承诺。当然有些品牌方在每年年末开公司年会时，会将大团队领导的公众承诺放在年会上公布，这也是可行的。

年公众承诺主要是针对新一年的总目标。

2. 季度公众承诺

如果我们想顺利完成全年目标任务，一定要将其分解成季度目标，进而制定季度公众承诺。

3. 月公众承诺

月公众承诺主要是将季度公众承诺的目标分解成月目标，并制定好相关计划，然后执行、总结、复盘、检验。

当然，有时候有些临时的任务不适合年公众承诺、季度公众承诺，这时候我们需要借助月公众承诺来提升其达成率。

4. 周公众承诺

周公众承诺更像是在执行被分解的年公众承诺、季度公众承诺、月公众承诺。有很多周期较长的公众承诺是以过程为导向的，这就需要我们通过周公众承诺进行相关目标的跟踪、督促、总结、复盘、检验。

5. 日公众承诺

日公众承诺和周公众承诺很像，也是基于过程为导向的目标完成执行情况的跟踪、督促、总结、复盘、检验。

比如本书中分享的出单包，其实就是个周期很长的公众承诺，需要每天或每 1～2 天检验任务完成情况。这时候就适合通过周公众承诺、日公众承诺来督促、检验任务的达成情况。

9.1.3　选好理想的地点

公众承诺的地点比较灵活，可以选择在线上，也可以选择在线下。

1. 线上

QQ 群、微信群都适合进行公众承诺，考虑到微商现在用微信群更频繁，可以优先考虑微信群。

建议选择晚上大部分人都有空的这个时间段，以 19:30—21:30 这个黄金时间段为佳。太早，很多人要吃晚饭、照顾家庭，太晚影响大家休息。

为了增强仪式感，我们需要提前一周进行公告，让更多人知道这个活动，并在公告中声明该公众承诺的重要性，引起大家的重视，让大家能准时参加。

建议在微信群中进行公众承诺的流程参考团队公开课的流程，设置主持人，主持人可以是微信群中经常主持的人，也可以是团队领导。活动开始，主持人先介绍即将进行公众承诺的代理，然后再让代理本人进行公众承诺。

一定要让代理本人做出公众承诺，公众承诺时，建议语音和文字同时进行，发完语音，再发相应的文字，增强公众承诺的效果。此外，代理还要填好公众承诺书，并发到群里。代理做完公众承诺后，要立即将公众承诺的内容发布到朋友圈，并将朋友圈截图发布到微信群中。

团队领导事后可以将代理公众承诺的语音和文字整理成文档留存，同时发给代理自己一份，一来让代理觉得团队领导服务用心，二来能增强代理商对公众承诺的重视。

2. 线下

线下公众承诺的地点比较灵活，我们可以在活动聚会时进行，也可在培训时进行，总之只要人多，能提升公众承诺的效果，我们都可以尝试。

我参加过一些线下培训，培训过程中讲师安排了公众承诺的环节，有的团队领导除了借机自己做公众承诺，还让团队的核心代理也进行公众承诺。

线下公众承诺时一定要让团队伙伴帮忙将公众承诺的过程拍成视频，发到代理群，并发核心部分的视频到朋友圈，增强公众承诺的效果。

如果是团队领导自己举办的活动或聚会，那我们需要认真设计好公众承诺的环节，增强公众承诺的仪式感。

9.1.4 安排适宜的监督人

为了提升公众承诺的效果，一定要安排公众承诺的监督人。

虽然发布公众承诺时已经有很多伙伴和朋友圈微友监督，但人都有惰性和忘性，很多代理刚做完公众承诺的那几天会像打了鸡血一样兴奋，充满了斗志，但时间一久，受环境影响，很可能懈怠下来。这时候监督人就起作用了。

广泛监督不如一对一监督的效果好。就好比，我们在大街上请人帮忙，你说“请你们过来帮帮我”，远不如“请你过来帮帮我”效果好。因为后者更有针对性。此外，广泛监督，其实主要是让被监督人自身存在压力，而一对一监督，则是监督者和被监督者双方都有压力，担心未兑现承诺会被他人耻笑。

代理的上家当其监督人最合适。一来上家对代理比较熟悉，二来两者利益相关，上家也更愿意用心监督他。

当然，团队中其他伙伴当监督人也未尝不可，只要双方约定好，能提升公众承诺的效果即可。

但需要注意的是，监督人一定要有责任心，恪尽职守，不要选择那种不能守约或者半途而废的人作为监督人。

9.1.5 约定有效的惩罚

有奖有罚才能提升公众承诺的效果。当代理伙伴达成公众承诺的目标后，我们要及时兑现奖励。但当代理伙伴没有达成目标时，我们也要让代理伙伴接受惩罚。这就要求我们在帮代理伙伴规划公众承诺时要制定好未兑现承诺的惩罚。

其实惩罚不是目的，根本目的是激励做出公众承诺的代理想方设法达成目标。因此在制定公众承诺的惩罚措施时要掌握好度。

公众承诺的惩罚措施可以分为金钱惩罚和行动惩罚。

1. 金钱惩罚

金钱惩罚很好理解，就是当代理伙伴没有兑现承诺时，要付出一定金钱代价。

具体的金额需要由团队领导和代理伙伴协商确定：太少起不到惩罚的效果和激励的目的；太多，代理伙伴难以承担，后期兑现有难度。

如果是 PK 类的公众承诺，未达成承诺的代理提交的惩罚金可以奖给完成承诺的代理。如果只是单方的公众承诺，惩罚金可以放到团队基金里，作为公用款项。有些团队可能会让代理伙伴将惩罚金通过群红包发给团队伙伴，这也是可以的。

2. 行动惩罚

有些团队觉得用金钱惩罚不合适，会考虑用行动惩罚未兑现承诺的代理。

所谓行动惩罚，就是代理商伙伴如果未兑现承诺，要他做一些有难度的事情，比如发一些搞怪的自拍照、吃两根苦瓜等。

行动惩罚仍然需要我们团队领导和代理伙伴协商确定，同样要掌握好度：以不伤害代理商身体、健康、尊严为基本准则，但必须能达到激励其兑现承诺的效果。

9.1.6 公众承诺的模板

下面是公众承诺的模板，大家可以分享给自己的代理，并要求其根据自己的周目标在自己朋友圈中发布一条公众承诺，要包括具体的目标，同时说明他为什么要达成这个目标。公众承诺的目标需要切合实际，能实现最重要。

1. 公众承诺书

以下是常用的公众承诺书模板。

我_______在此做出公众承诺：

在_______年____月____日到_______年____月____天内，完成业绩目标_________，如果完成业绩目标，我将奖励自己____；

如果没有完成业绩目标，我将惩罚自己在_______年____月____日到_______年____月____日____；

我_______势必达成目标

势必达成！！！势必达成！！！

承诺人：_________

电话：______________

监督人姓名：_________

电话：______________

承诺日期：__________________

兑现日期：__________________

2. 增强公众承诺威力的利器——PK 式公众承诺书

众所周知，当我们自己做一件事时，往往不急不慢，紧迫感很小，但如果给我们安排一个对手，一起进行比赛，我们会变得更有积极性，更有紧迫感，会想方设法赢得比赛。比如，国有企业最为人诟病的是其效率不高，因为其没有有力的竞争对手。但市场经济环境下，民营企业想方设法提升自己的效率，因为其竞争对手很多，如果自己不进步，就会被竞争对手赶超，被市场淘汰。阿里巴巴和腾讯即使已经很强大了，在互联网行业是巨头，但双方仍然你追我赶，丝毫不敢懈怠，就是因为彼此是竞争对手，一方不努力，另一方很有可能就将他甩得远远的。

有时候，为了增强公众承诺的效果，让代理给自己施压，我们可以为代理增加一个 PK 对象，让两个人同时进行公众承诺，并设定一定的 PK 金。

当一方输了时，不仅要兑现惩罚，PK 金也要归对方所有。这将大大提升公众承诺的效果和威力，加强做出公众承诺代理的压力和紧迫感，让他能逼自己一把。

PK 式公众承诺书

我________在此做出公众承诺：

在______年____月____日到______年____月____日____天内，完成业绩目标________，如果完成业绩目标，我将奖励自己__________________

____；

如果没有完成业绩目标，我将惩罚自己在______年____月____日到______年____月____日____

____；

我的 PK 对象是____________，PK 金额是__________；

我________势必达成目标

势必达成！！！势必达成！！！

承诺人：________

电话：____________

监督人姓名：________

电话：____________

承诺日期：________________

兑现日期：________________

9.2 出单包，代理业绩轻松提升的法宝

做微商，你的团队有没有遇到如下问题？

（1）团队群中你不发言就没几个人说话；

（2）群里主动发言的总是那几个积极分子；

（3）群里有太多的潜水人员，不用红包基本炸不出来；

（4）不知如何才能让业绩不好的伙伴积极主动起来。

相信以上这些问题不仅困扰着你，也困扰着其他微商伙伴。这些问题如鲠在喉，不解决，很有可能我们的微商之路会就此停止，我们精心打造的团队从此四分五裂。

下面会和大家分享一个简单但却可快速提升团队业绩的法宝。这一法宝其实是一个有意思的游戏，只要团队领导把这个游戏玩好了，激励团队、倍增业绩不是问题。

这一法宝称为出单包，先分享 1.0 版本，后面再继续分享 2.0 版本的几个核心点。

出单包的本质：成交 + 游戏 + 被动收入。

9.2.1 出单包 1.0

出单包要想玩好，必须遵循 3 个原则和 8 个要点。

1. 出单包 3 个原则

第一大原则：先预热。

一定要先预热，把大家的好奇心和积极性彻底调动起来。预热成功了，出单包的导入就顺理成章。如果预热效果不好，未能彻底激发伙伴们的好奇心和积极性，那么出单包的导入就会失败。

我们一定要选择好时间，提前做好预热模板。建议安排在大家都在线

时，比如晚上 20:00 之后。

注意，如果自己的群气氛不好，那就需要事先和几个积极分子沟通好，交代好需要他们配合的地方，以团队配合的方式共同出击，这样效果会更好。

预热参考模板：

亲爱的小伙伴们出来啦！

从今天开始，我们来玩个超级好玩、让你欲罢不能的游戏。大家想不想玩？

据说，只要玩了这个游戏的小伙伴，口袋都鼓起来啦！

据说，只要玩了这个游戏的团队领导人，团队都爆发啦！

我要口袋鼓鼓，我要团队裂变，我要玩，我要玩，要的伙伴赶紧打 1 哦。

用语音加文字加表情的形式，将大家的积极性和好奇心充分调动起来，这样就会有非常多的伙伴回复“1”。然后他们会催着你赶紧说下去，这就是成功的预热。

第二大原则：制定好游戏规则。

我们需要提前制定好游戏规则，可以将游戏规则公布在群公告里形成文化。只有有文化的群根基才会扎实，才能走得长远。所以，我们要把出单包做成一种文化，将出单包的游戏规则形成文化，出单包就可以玩得长久并且玩出效果。

游戏规则参考模板：

游戏名称：出单包

游戏规则：137

游戏规则之“1”：每天只要有人出单，就要发一个出单包。

出单包金额可以是 1 元钱，分成 5 份，抢到红包的伙伴必须要@对方，给对方竖大拇指或者刷鲜花，然后说上一句鼓励或者祝福的话。

出单简单说就是进账，无论是零售、批发还是招到合伙人，只要有现金进账我们都称为出单。

游戏规则之“3”：3 天没有出单的伙伴，需要自觉在群里发一个“鼓励包”。

“鼓励包”的金额和数量标准与“出单包”的金额和数量标准一致。

另外，如果同一个伙伴连续 3 天在群里不说话，也要发一个“鼓励包”。因为群中团队伙伴很多，你 3 天不说话，群主就会忘记你。此外，3 天都不在群里露脸的伙伴通常是业绩不怎么样的，我们更需要刺激他发一个“鼓励包”。

游戏规则之“7”：7 天内在群里只抢红包不出单、不说话的伙伴，尤其是那种抢了就跑，群主追也追不到的，直接请出群。

为什么？因为如果一个人在群里潜伏 7 天都不说话，要么是他心里没有这个群，要么就是他根本没有销售能力，不适合做销售。既然如此，不如早点做选择。

一个优秀的有生命力的群，群主要不断地更新血液，这样才能保证群的整体活力。

第三大原则：群主一定要坚决执行游戏规则，坚持每天互动。

任何一个新鲜的事物都需要坚持才能维系下去，尤其是还没有出效果的时候，群主更要带动参与、互动，坚持和大家一起玩下去。

因为榜样的力量是强大的、可怕的，只要你肯坚持，其他伙伴就会跟着你一起参与、一起坚持。那么出单包就一定会给你带来意想不到的收获。

2. 出单包 8 个要点

要点一：只要有人发红包，群主一定要积极去抢。

群主千万不要当圣人让别人抢，或者觉得 1 元钱太少不值得抢。其实你抢他的出单包说明你第一时间关注到他的进步了。我们要在对方发出红包的第一时间大方地去抢他的红包，然后给对方一个大大的赞。记得要带头互动，这样其他的伙伴就会跟风。

一旦形成跟着做的风气，出单包就能顺利玩下去。

要点二：一定要让自己每天都发出单包。

群主要以身作则，必须每天开单，因为只要你每天发出单包，其他的伙伴就会想起来自己今天还没有发出单包，或者自己今天还没有出单。小伙伴们会想：领导好厉害，每天都出单。我一定要努力，我也一定要每天出单。接着小伙伴就会想办法出单，这是作为领导给予伙伴们非常重要的一种激励和鼓舞。

要点三：出单包金额有讲究。

根据自己品牌的零售价或者批发利润来定出单包金额。但是建议不要太大，出单包金额太大会损害经常发包的伙伴的利益，同时也会助长伙伴抢普通红包的贪婪心，带来后遗症。

建议出单包统一定为 1 元一个包。1 元钱谁都不心疼，而且可以拿出来告诉大家他今天有了好成绩，第一时间得到大家的认可和羡慕，还可以很好地激励他赶紧出下一单。

要点四：出单包要一个一个慢慢发，最好标注上数字。

发出单包的真正目的是动员全员参与，激发大家出单的欲望。所以金额大小不重要，发多少个出单包才是最重要的。

比如：今天零售 7 单，那么就标注出单包 1、出单包 2、出单包 3……

一直到出单包 7。

一个一个慢慢发，开始大家会不以为然，但是看着你一个一个地从出单包 1 一直发到 7 甚至更多的时候，他们就会被刺激，激动起来。你这个时候要来一句："想出单的赶紧出来说句话"，效果会马上见到

要点五：针对 3 天不发包的处理办法。

三步走就可以了：

第一步：私聊。团队领导私聊对方，问他，是没出单还是出了单忘记发出单包了。如果是没出单，你就单独辅导，帮助他出单，此时伙伴往往会被感动，马上就会去群里发"鼓励包"。这种方法适合用于新人或脸皮薄的人。

第二步：帮他发。总有不愿意发出单包的伙伴，你直接帮他发，写上"某某出单包"，然后 @ 他，让大家表扬、肯定他，最多 2 次他就不好意思了。这种方法特别适合用于平时工作上不配合的伙伴。

第三步：群聊。一旦看到有伙伴领了红包就跑，我们可以直接在群里 @ 他，然后提醒他："宝贝，你 3 天没发出单包了，等你好消息呢"。这种方法很合适用于那种脸皮厚、不用心的伙伴。

要点六：应对习惯性抢了包就跑的人的对策。

分享 2 个方法供参考：

方法 1：群主要不停地在群里 @ 所有人，通过反复提醒，让大家都知道"领了包要刷花或竖大拇指"等游戏规则。

方法 2：直接 @ 那几个带头不遵守规则的人。看他抢了包就跑，立刻 @ 对方，让他知道你随时在关注他，让他知道一群人在看着他，他就会不好意思。

要点七：团队伙伴发"鼓励包"时的对策。

你不仅要抢，还要立刻回他一个更大的"鼓励包"，然后和伙伴们一

起鼓励他。他会很感动，会充满斗志，大家也会因此爱上这个游戏，群凝聚力无形中就会形成。

要点八：植入。

刚开始的时候群主一定要不厌其烦、不停地提醒再提醒，植入再植入，直到大家逐步形成了共性行为，形成了群文化为止。

开始的时候我就强调了团队文化的重要性。万事开头难，开始时我们一定要做好，这将快速为我们带来意想不到的收获。

微商伙伴可以将这个好玩又神奇的游戏复制到自己的团队中，然后按照以上的方法和流程操作，坚持下去必有收获。

现在越来越多的微商团队说，出单包救活了他们的群，对我表示感谢。我想这就是出单包 1.0 版本的真正价值所在，也是出单包 1.0 版本的威力。它让一些本来对微商失去信心的伙伴重新燃起斗志，重新焕发激情，甚至起死回生。

9.2.2　出单包 2.0：持久裂变团队

出单包 1.0 版本至少可以在 2 个月内为团队带来极大的冲击和激励，起到倍增业绩的作用。那 2 个月后呢？我们会面临一个问题：刚开始大家感兴趣，时间长了伙伴们都疲乏了，怎么办？

首先我们看出单包的 1.0 版本，被定义为游戏。游戏是一种随机性行为，开心就干不开心就不干。有时间就做，没时间就不做。所以，出单包 1.0 版本一旦开始失效，团队领导又要面临如何激励团队士气和战斗力的难题。

我们应该如何把这个游戏转化为一种规律，一个可以让大家的激情不断又可以产生收益和裂变的管理工具呢？

经过我在不同的群里反复测试和实践，出单包 2.0 版本终于诞生。

出单包的 2.0 版本目前加入了五大核心要素，让这个游戏不但有趣而且可以起到更加持久的激励效果，并且可以非常有效地辅助团队领导管理群。

这五大核心要素分别是：出单目标包，出单完成包，社群助手，群昵称，PK 赛。

出单包五大核心因素

1. 出单目标包

所有人每天在特定时间段（如上午 9:30）在群里发一个当天的“出单目标包”，比如：“出单目标 5 单”“出单目标 2000 元”。出单目标包一定要直接和收入挂钩，不然就起不到出单包的效果。

出单目标包可以帮助我们更好地跟进自己当天的目标完成情况。

当然，有活动，且活动持续多天，可以在活动开始的当天发活动期间的出单目标包和当天的目标包。

这句话怎么理解？就是如果我们现在搞个 PK 赛，活动当天可以发当天的出单目标包和活动期间总的出单目标包。

2. 出单完成包

每天定两个时间段汇总出单完成包。比如，每天的 18:00 点和 21:00 号召所有伙伴汇总出单完成包。

出单完成包很好地总结了出单目标包和出单包。如果我们只发出单目标包而不发完成包，结果就是虎头蛇尾，很难进行目标管理。

3. 社群助手

社群助手是第三方平台提供的群管理工具，功能非常强大。其中几个功能非常实用并且可以完美配合出单包。

第一个功能：群精华。

当我们呼唤出社群助手后可以进入群精华，在群精华里面可以看到任意时间段群里的所有聊天记录，包括语音、文字和图片。

我们可以把每天高峰时间段大家玩出单包的过程（出单目标包、出单包、出单完成包）记录下来，便于群主跟踪当天的出单目标是否完成。

建议群主一周进行一次汇总，对于完成比较好的伙伴给予奖励和肯定。

第二个功能：数据统计。

群主可以每天或者在一定时间内查询群里多少伙伴在多少天内是潜水状态，出单包的游戏规则中有“跟进 3 天或者 7 天不说话、不开单的伙伴“这一条，之前靠群主一个一个排查或者凭感觉判断都不够准确或者比较辛苦。社群助手这个强大的功能可以帮助我们更好地将出单包的原则落实下去。

第三个功能：呼唤社群助手的口令。

为了使出单包玩得更刺激，要提醒大家出单，使大家处在随时随地准备成交的状态。我们可以将群助手的召唤口令变为：今天我要出单，出单！

第四个功能：定时设计。

社群助手有个非常强大的功能，就是可以像定闹钟一样提前制定需要提醒和 @ 大家的语句、文字、图片等。

比如我们可以设置上午 9:30 的时候由社群助手自动提醒所有的伙伴发出单目标包。同时我们可以设置社群助手在 18:00 的时候提醒大家发一天当中的第一次出单完成包，也就是对自己当天的计划完成情况进行总结。晚上 21:00 的时候我们同样可以用社群助手来提醒大家，对一天的目标用出单完成包的方式进行最终的汇报和总结。

4. 群昵称

因为是自己的代理群，我们可以要求大家在群昵称后面全部加上“今天我要出单”“今天我要超过某某”“今天我要零售 10 单”“今天我要出 10 单”等和出单相关的话术。这样别人 @ 他的时候，也会被鼓励。群里所有伙伴时刻都要有出单的意识。

5. PK 赛

PK 赛可以帮助我们把出单包玩到巅峰状态，可以让出单包的效用最大化持续，可以帮助团队领导更好地裂变团队和实现业绩增长。

分组 PK ：每组一个小组长，每天所有组员发“出单目标包”“出单包”“出单完成包”时，小组长除了发个人的还要将小组对应的“出单目标包”“出单包”“出单完成包”发出来。

PK 赛是激励团队最有效的手段。需要注意的是，PK 小组的目标必须相同，因为只有这样才公平。组员之间可以竞争，小组为一个共同目标与其他小组也可以进行 PK。

PK 形式：

（1）单组对决。比如 A 组与 B 组，C 组与 D 组，两两分别 PK。

（2）整群 PK。A 组、B 组、C 组、D 组共同 PK，每天评选出优胜小组。

PK 注意事项：

（1）保持目标一致、人数一致；

（2）在特定时间内决胜出冠军；

（3）每天要对胜出小组进行表扬和肯定，并记录下来。

PK 奖励：

（1）可以是输的小组全员发红包，只允许胜出小组成员抢。

（2）可以是提前各自出一定保证金，比如各出 500 元，两个小组合计 1000 元。比赛结束后由胜出小组享受保证金的支配权。

（3）可以由群主给予胜出小组及小组里面表现优异的伙伴奖励，为最终胜出的小组颁发荣誉证书。荣誉证书在淘宝上购买很方便，记得盖上章，显得正规。

（4）奖励可以每天兑现，也可以 PK 结束后一起兑现。

（5）PK 时间不宜过长，3～7 天为宜。

之前分享出单包 1.0 版本时我一直和大家说是“玩”，玩可以激发兴趣但是不能长久。2.0 版与之不同，它可以起到持续输出、持续变现、持续激励的作用。只要团队领导把它当成一个规矩、一种文化来对待，必然会产生更好的效果。

9.3　品牌手册，专业服务的体现

好的微商品牌要让代理觉得专业，能为他们提供周到、极致的服务。

微商品牌可以为自己的代理商提供品牌手册，当代理商加盟品牌时，我们将品牌手册赠送给他们。一来可以让他们快速对企业文化、品牌文化、企业价值观、代理政策了解；二来这种极致服务会让代理商觉得我们的品牌和企业很专业；三来品牌手册中很多代理商创业故事可以增强小白代理做微商的信心，激励他们做好微商。

一本好的系统的品牌手册主要包括以下几个部分。

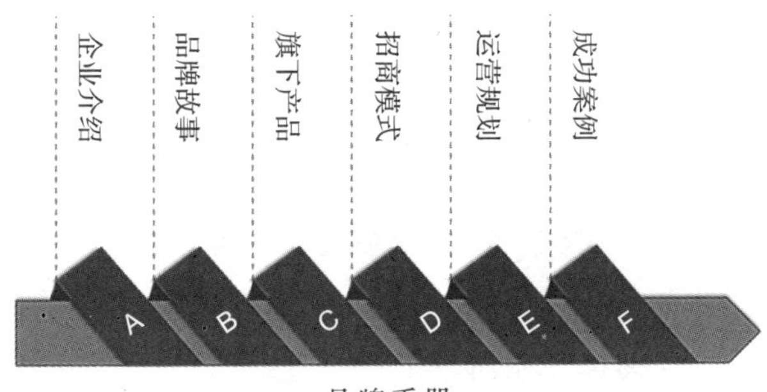

品牌手册

1. 企业介绍

企业介绍分为企业文化、企业竞争力、团队介绍三部分。

- **企业文化**：重点介绍企业架构、企业发展历程、企业战略规划等内容。
- **企业竞争力**：重点介绍企业大事件、供应链渠道、领导人物、企业荣誉等内容。
- **团队介绍**：重点介绍企业的核心部门、代理商梯队、实体店分布等内容。

2. 品牌故事

品牌故事主要分为品牌介绍、品牌精神、品牌推广等部分。

- **品牌介绍**：重点介绍品牌释义、品牌宣传广告语、品牌故事等内容。
- **品牌精神**：重点介绍品牌定位、品牌价值观、品牌愿景等内容。
- **品牌推广**：重点介绍品牌代言人、媒体新闻、推广渠道等内容。

3. 旗下产品

旗下产品主要分为产品分类、生产与保障、常见咨询与问题汇总等几个部分。

- **产品分类**：重点介绍企业的核心产品、明星产品、金牛产品、辅助产品等。
- **生产与保障**：重点介绍企业产品生产工序、产品资质、售后服务等围绕产品的内容。
- **常见咨询与问题汇总**：重点介绍有关产品的常见问题，并告知代理选择我们企业的 50 个理由，让代理对加盟我们企业后能获得的好处和利益有详细的了解，便于后期成交。

4. 招商模式

招商模式部分包括代理政策、升级说明、考核与奖励等重点内容。该部分要让代理对我们的代理政策、升级说明、考核与奖励等有一个全面详细的了解，以激励代理提升业绩，拓宽渠道。

- **代理政策：**重点介绍代理价格表、政策解析、各层级盈利估算等内容。
- **代理升级说明：**重点介绍代理的升级要求、升级步骤。
- **代理考核与奖励：**重点介绍代理商业绩考核、管理制度、返利政策、分红激励等内容。

5. 运营规划

运营规划部分分为招商路线、运营路线、教育路线三部分。

- **招商路线：**重点介绍新品发布会、沙龙会、明星会、年会等企业和团队经常举办的活动。
- **运营路线：**包括对行业大会、营销大事件、重点项目节点、旅游计划等运营相关内容的介绍。
- **教育路线：**教育路线主要介绍师资队伍、课程体系、授课计划、新代理 40 天成长计划等教育相关的内容。

6. 落地实操

企业可以将代理我们品牌后取得成就的代理商作为榜样标杆进行宣传，并在品牌手册中将他们的创业故事呈现出来，帮他们做进一步宣传推广，让更多人以标杆为榜样。

这部分内容根据目前代理在做微商之前的职业进行划分，比如可以分为宝妈篇、上班族篇、传统门店转型篇、大学生创业篇、草根逆袭篇、富二代篇、传统企业篇等。每个部分主要分为个人介绍、加盟经历、现状改变、自身感悟等，重点是讲代理商的创业故事，重点突出他们加盟品牌后获得的巨大改变。

当然，大的团队也可以根据本团队实际情况创造出适合自己的团队手册。团队手册主要内容可以参考品牌手册。团队手册因为重点是为了突出团队、家族、联盟的文化、代理商情况、成功案例等，会和品牌手册有一点差异。团队手册要包括团队介绍、团队故事、代理产品、商学院、代理成功案例等。

10

第10章

线下服务，才是持久变现的保障

新零售重视线上线下的融合，其中线下是新零售发展的重中之重。随着新零售的不断发展，微商与新零售的融合已成为大势所趋。因此线下服务已被越来越多的微商所重视。除了客户服务的本地化，代理服务的本地化也日渐重要。

围绕这样的大环境，本章重点阐述品牌、团队、个人如何为客户、代理做好线下服务，提升客户、代理黏性，进而裂变团队、倍增业绩。

10.1 本地化服务，提升客户黏性和转介绍率的神器

微商服务本地化主要表现为客户服务的本地化、配送的本地化。

10.1.1 如何做好本地化服务

微商线上的服务优势是方便，但因为不是面对面服务，客户心理我

们很难琢磨，服务质量难以保证。微商本地化服务则弥补了线上服务的不足。

本地化服务具有提升客户体验感、更容易建立信任感、挖掘更多客户的痛点、提高客户黏性、提高裂变新客户速度等诸多优势。

1. 本地化服务的类型

本地化服务根据一次服务人数分为一对一服务和批发式服务。

本地化服务的类型

一对一服务

一对一服务可以发生在体验店、工作室，也可以是上门服务。因为是只为一个人服务，服务质量往往更高，客户体验感也会更好。一对一服务的不足之处是效率较低。同样的时间只能为一个人提供服务，而我们的时间和精力却是有限的。

批发式服务

批发式服务适合以家庭聚会、沙龙的形式展开，更适合招募代理商时使用，进行本地化客户服务时也可以使用。

我们可以请老客户帮忙带些朋友参加我们的沙龙，如果客户愿意在其家中聚会也可以。活动开始时，我们可以让大家先自我介绍一下，这样我们对客户的基本情况就有了一定的了解，通过互动还可与对方拉近距离。整个沙龙聚会的流程可以借鉴一般沙龙的流程。进入主题后我们要向客户展示我们的品牌、产品，然后开始做产品示范，与一对一服务的流程基本相同。但因为服务人数众多，服务质量不如一对一服务高，但靠量取胜，服务效率会较高。

批发式服务的前提是我们对自己的产品很有信心，对产品示范很熟悉，要让客户觉得我们很专业，是这方面的专家。因为面对的人数较多，中间操作稍有不当，影响的可是一大批客户对我们的印象和信任。

2. 做好本地化服务的方法

微商要想做好本地化服务，需要做好运营中心、体验店、工作室、亲自上门等服务。

运营中心服务

很多微商品牌除了有全国运营中心，还设有地方运营中心。微商伙伴可以借力，在运营中心做好服务，降低服务成本，并借助运营中心搭建自己的信用背书系统，提升转化率。

体验店服务

一些有实力和远见的微商已开始布局新零售，开设体验店。体验店可以是门店，也可以是专柜。

体验店本身会为我们引流，因为每天都会有一定的客户进入。具体人流量要看体验店开设的地段。在体验店中，我们一定要做好售前、售中、售后服务。

因为体验店的投入成本较高，更适合大微商和微商品牌方操作。小微商如果想开体验店，可以几个人一起合作，均摊风险和成本，或者和团队长、品牌方合作开店。

工作室服务

很多微商因为条件所限，暂时还没能力开设体验店，但可以先开设自己的工作室。

很多微商租写字楼、出租屋作为工作室，也有微商将工作室放在自己家里，这些都可以。只要能方便开展工作和服务即可。安利创始人就是从自己家的地下室起步的。

工作室和体验店有所不同，因为体验店的地段优势，可以自动帮我们引来很多流量，但体验店成本也较高。工作室因为没有地段优势，前期引流效果有限，所以前期主要是自己邀约客户上门体验服务。

别小看工作室，如果工作室服务做得足够好，客户对我们的产品和服务都很满意，赢得了客户的好感和口碑，客户会帮我们免费传播和转介绍，这会帮我们进一步引流。而且因为已经有了客户的信任背书和口碑相传，引流效果往往比体验店效果还好。

上门服务

有些客户嫌麻烦，不愿意出门体验服务，这时候我们可以考虑为其提供上门服务。

上门服务一般都是在客户的家里，这时候我们需要注意一些基本礼仪。比如，我们要提前和客户约好上门服务的时间，避免客户不在家，或时间点不对，打扰客户休息或会客。如果是初次上门，我们可以带点水果上门。很多微商可能会觉得买水果会增加我们的投入成本。但如果你知道一个客户的终身价值后，你就不会舍不得那点水果投入了。上门时我们自己要自备鞋套，进门后自己主动拿出鞋套，这会让客户觉得我们很专业、很懂礼貌。这会给我们加很多分。千万别小看细节，很多时候，我们在客户心中的形象分就是由众多小细节的分数累加在一起得出的。

进入家门后基本的打招呼、寒暄要有，然后再切入主题。示范产品的过程中有很多细节也是需要我们注意的，这在前面已介绍过。

10.1.2 如何做好本地配送服务

我有个微商品牌方朋友，她在创立品牌初期，在发送货方面，外地的客户是发货，本地客户是送货。她每到一个地方都会标上自己的坐标，告知微友们自己的具体位置。很多微友看到她如此拼命、如此敬业，很是佩服和支持。有时候很多微友会发信息给她，说她们也在附近，能不能给她们带两盒产品。送货的时候很多客户觉得她敬业，因此都想和她合影，并将照片转发朋友圈。由此，我这个微商朋友积累了大量铁杆粉丝。

1. 本地化配送的好处

微商亲自派送货有诸多好处：

（1）**可以搜集素材**。通过送货可以搜集到更多客户的素材和数据，为后期提升业绩奠定基础。

（2）**让客户觉得有温度**。亲自送货时，客户会觉得我们很用心、很有温度，也会很感动，他们会觉得过意不去，往往会购买更多产品。

（3）**可以和客户面对面交流**。送货时，我们可以面对面跟客户讲解产品的材料、使用方法、注意事项等详细内容。客户会觉得我们很专业，因此更信任我们。这可以帮我们提升客户复购率、转介绍率。

2. 做好本地化配送的方法

（1）**将客户进行分类**。因为我们时间、精力有限，不可能服务好当地每一位客户，因此要对客户进行分类。具体分类见 6.3 节。我们要重点做好优质客户的本地化配送。

（2）**做好客户首次体验**。新开发的本地客户，要亲自上门服务，告知他产品的使用方法、注意事项、优惠政策。

即使现在很多品牌已经上线了一件代发系统，不需要代理亲自送货，我还是建议在客户收到产品时让其先别急着使用，等你上门服务后再使用，这样效果更好。

为什么？因为很多客户其实对产品并不熟悉，尤其在你没有为他做过产品示范的情况下。如果使用过程中他因为使用方法不当，让他没有获得足够的价值感，他对产品和服务很难满足。以后你再想让他复购，难度可想而知。

此外，还有一种情况，就是客户当初碍于你的情面购买产品，或产品是你赠送的，他没当回事，故将之束之高阁。这样的客户有点像微信里面的“死粉”，算是无效客户。此时，你主动和他约好上门服务，亲自告知产品的好处、使用方法、注意事项，一来可以让他体验产品，二来他本来对微商产品产生的顾虑，在你的专业服务及他的体验下会消除。此时你相当于激活了“死粉”。

因此首次上门服务，是保证客户对产品及服务满意度的重要一环。

（3）**借运营中心的力**。现在除了蒙牛、娃哈哈等传统大品牌在很多城市设有自己的运营中心外，很多草根微商品牌也开始在各地设立运营中心。这些运营中心大部分是高级别代理开设的。此时我们可联系到当地的运营中心，借助运营中心的优势成交和服务客户。我们可以约客户到运营中心，先带他参观一遍，然后告知他以后在运营中心即可拿货。这样做，一方面可以降低服务成本，另一方面可以借助运营中心提升客户的信赖感。

10.1.3 用好 ABC 法则借团队力

借力使力不费力。做微商，要学会借助品牌、团队领导、伙伴、讲师的力，提升客户、代理的成交率。

1. 什么是 ABC 法则

ABC 法则中的 ABC 的含义分别如下：

- A 是指被借对象：如公司、会议、老师等。
- B 是指借力者：如本人、本小组、本部门等。
- C 是指目标人：意向顾客、意向代理等。

2. 适用范围

ABC 法则的试用范围如下：

（1）销售产品；

（2）代理的实力和经验不足，没把握成交意向客户、代理；

（3）意向客户、意向代理较多；

（4）运营中心、家庭聚会、线下沙龙。

3. 如何运用 ABC 法则

运作前：

（1）B 要把 C 的情况提前（至少提前 4 小时）告知给 A，让 A 心中有数，有针对性地做好准备。

（2）B 要提前（至少提前 4 小时）向 C 推崇 A，提升 A 对 C 的潜在影响。

（3）B 要准备好运作的地点，需要的工具、资料、产品等。

（4）B 至少要提前 1 小时同 A 和 C 分别进行运作前的确认，确认内容如下：

- 时间、地点。
- 是否需要接 A、等 C。当 C 有可能找不到见面地点时，需要在标志明显处等一下。
- 确认顺序：先 C 后 A。

（5）到场顺序：B 第一，C 第二，A 第三。

运作中：

（1）B 要先介绍 C 给 A 认识。

（2）B 要简单介绍自己，并推崇 A。

（3）B 做开场引言，要简短。

（4）B 的标准动作：

- 整个过程中,B 要坐在 C 的旁边，非常专心地看着 A，认真听 A 讲解，并随时点头认同、微笑、鼓掌、记笔记。A 讲话时，不要同 C 谈话。
- B 不要打断 A，但 A 提问时，要主动回答，给予配合。
- B 要在适当的时候协助 C 向 A 提问，借助人的力量打消 C 可能有的疑惑。

- B 自始至终不要离开 C，但不要向 C 解释 A 的任何讲话内容。

（5）友情提醒：

- 营造良好的氛围。
- 正确安排座位。正确的座位安排，更容易让你成功（见下图）。

ABC 法则要正确安排好座位

运作后：

（1）A 和 B 要与 C 确定下次跟进的时间、地点。

（2）A 和 B 要鼓励 C 做决定，但不要代替 C 做决定。

（3）A 和 B 对这次运作做总结。

4. ABC 法则的成功率

（1）B 占 50%。

（2）座位安排占 30%。

（3）A 占 20%。

10.2 如何玩转新零售服务

随着微商竞争的加剧，新零售微商已成为众多微商人的规划。要想做好微商，需要服务好客户。要想提升服务质量，务必要在客户体验上下功夫，让客户获得好的体验才是真正好的体验。线下体验店将成为微商人提升客户体验质量的场景。

微商线下体验店可以是门店，也可以是大商场的专柜。我们可以借鉴一下在体验方面做得比较好的传统实体店的经验，也可以向拥有自己门店的直销企业学习。

如何做好新零售微商服务？

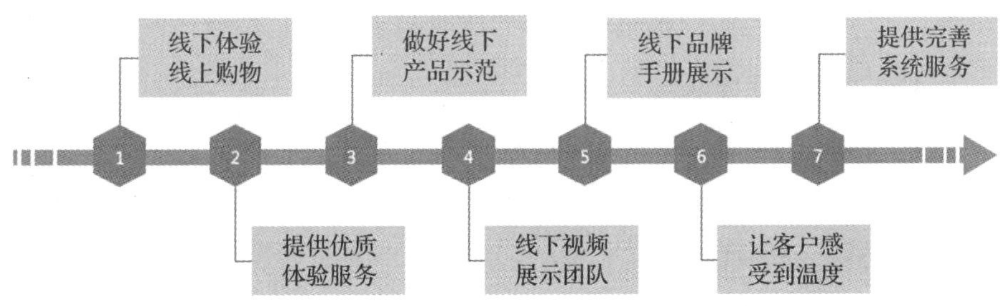

新零售微商服务的方法

1. 线下体验线上购物

未来，微商品牌要想提升服务质量，要通过线下体验店为客户提供好的体验场景和体验感受，通过品牌、产品的展示，让客户与品牌、产品零距离接触，使其对我们的品牌、产品产生一个更为直观的感受。

客户在线下体验完后，可以通过线上下单购物，但要保证线上线下同质同价。通过线下体验、线上购物这种体验式服务营销，会让客户对我们的品牌和产品更为信任，更有好感，促进客户购买，提升其忠诚度。

因为我们可以将销售环节主要放在线上，线下主要用于客户体验，因此我们的体验店和传统以销售为主的实体店存在一定的差异，我们不需要在同一个城市开太多体验店，也无须囤太多货在体验店中，不需要雇佣太多店员。重点要做的就是让客户获得更好的体验感。

2. 提供优质体验服务

因为不知道客户是否使用、客户的使用效果和感受，线上赠送试用装效果并不好，所以建议各位微商伙伴尽量线下当面赠送。当我们有了体验店后，我们可以让进店的客户体验我们的新品、体验装，当面教客户如何使用。

3. 做好线下产品示范

在体验店中，我们可以安排工作人员为客户做产品示范，这些专业人员不仅要对产品知识、专业知识很熟悉，还要熟练产品示范的详细流程，在客户面前必须要表现出专业性。

4. 线下视频展示团队

我们也可以在体验店中的大屏幕上不断展示我们的产品、客户见证、权威见证，也可以将产品示范录制成视频在大屏幕上播放，让客户随时都能感受到产品、品牌的优势。

在体验店中，我们还可以在大屏幕上不断展示团队培训、聚会、旅游的情形，让来店的客户对我们的代理队伍、团队文化、凝聚力产生深刻认识，这会帮我们挖掘出一些有创业意向的创业者。当他们向我们咨询时，我们要为他们讲解我们的招商政策，帮助品牌发展代理。

5. 线下品牌手册展示

在店中要放品牌手册，供客户取阅，让他们通过品牌手册对我们的企业文化、品牌文化、产品知识、团队面貌、招商政策、成功代理商案例有一个更为全面的了解。

6. 让客户感受到温度

在体验店中一定要通过有形服务和无形服务让来店的客户感受到品牌的温度、微商人的温度。

很多时候，一些细节就能赢得客户的好感。比如，客户来店时，我们可以为其倒杯水，为其做免费体验式服务时，要注意和客户的沟通、交流，让客户在体验中感受到我们的真诚和贴心。

7. 提供完善系统服务

体验店会兼具一定的零售功能。在零售过程中，一定要提供完善的售前、售中、售后服务。

售前、售中服务好理解，主要是客户在本次购买过程中享受到的服务。售后服务主要基于上次销售后客户体验的结果展开。有些客户可能会拿着产品来退换货，我们在确认客户符合退换货条件的情况下，应及时为客户做好退换货工作。当客户对我们的产品和服务产生抱怨，来店投诉时，我们要注意接待的方式方法，要多倾听客户的抱怨，想办法缓解客户的不满情绪，将相关损失降到最低。

推荐阅读

“微商”系列图书：为各个阶段、各种形式的微商提供最佳指导方案